CONCLUSION GÉNÉRALE

DE L'OUVRAGE

SUR LE SYSTÈME PÉNITENTIAIRE

EN EUROPE ET AUX ÉTATS-UNIS.

SUIVIE

DE LA DEUXIÈME PÉTITION AUX CHAMBRES

SUR LA NÉCESSITÉ DE L'ADOPTION

DU SYSTÈME PÉNITENTIAIRE;

PAR M. CHARLES LUCAS,

AVOCAT A LA COUR ROYALE DE PARIS, MEMBRE CORRESPONDANT DE LA
SOCIÉTÉ DES PRISONS DE PHILADELPHIE, AUTEUR DE L'OUVRAGE
SUR LE SYSTÈME PÉNAL ET SUR LA PEINE DE MORT,
COURONNÉ A GENÈVE ET A PARIS.

———— ✦ ————

PARIS.

TIMOTHÉE DEHAY, RUE DES BEAUX-ARTS, N° 9;

Mᵐᵉ Vᵉ CHARLES-BÉCHET, QUAI DES AUGUSTINS, N° 57.

————

M DCCC XXX.

IMPRIMÉ CHEZ PAUL RENOUARD, RUE GARANCIÈRE, N. 5.

CONCLUSION GÉNÉRALE

DE L'OUVRAGE

SUR LE SYSTÈME PÉNITENTIAIRE

EN EUROPE ET AUX ÉTATS-UNIS,

IMPRIMÉ CHEZ PAUL RENOUARD,
RUE GARENCIÈRE, N° 5.

CONCLUSION GÉNÉRALE

DE L'OUVRAGE

SUR LE SYSTÈME PÉNITENTIAIRE

EN EUROPE ET AUX ÉTATS-UNIS,

SUIVIE

DE LA DEUXIÈME PÉTITION AUX CHAMBRES

SUR LA NÉCESSITÉ DE L'ADOPTION

DU SYSTÈME PÉNITENTIAIRE;

PAR M. CHARLES LUCAS,

AVOCAT A LA COUR ROYALE DE PARIS, MEMBRE CORRESPONDANT DE LA
SOCIÉTÉ DES PRISONS DE PHILADELPHIE, AUTEUR DE L'OUVRAGE
SUR LE SYSTÈME PÉNAL ET SUR LA PEINE DE MORT,
COURONNÉ A GENÈVE ET A PARIS.

> Quand on s'occupe de réformes qui touchent au bien
> public, on peut aisément se condamner à des travaux
> sans récompense, mais non à des efforts sans résultats.

PARIS.

TIMOTHÉE DEHAY, RUE DES BEAUX-ARTS, N° 9;

Mme Ve CHARLES-BÉCHET, QUAI DES AUGUSTINS, N° 57.

M DCCC XXX.

CONCLUSION [*]

DE L'OUVRAGE

SUR LE SYSTÈME PÉNITENTIAIRE

EN EUROPE ET AUX ÉTATS-UNIS.

Après avoir exposé l'histoire du système pénitentiaire tel que nous l'avons rencontré dans la
théorie et dans la pratique, en Europe et aux États-
Unis, nous ne sommes assurément pas les seuls,
en arrivant enfin au terme de cette longue course,
à éprouver le besoin de reporter nos regards sur la
route parcourue, et à nous demander compte des
résultats de ces recherches et de l'ensemble de ces
travaux. Après l'analyse, l'esprit humain veut la
synthèse : telle est sa marche, sa condition et sa
loi. Lui donner l'une sans l'autre, c'est le condamner à une vue incomplète qui ne fait qu'éveiller sa
curiosité, mais ne peut former sa conviction. Nous,

[*] J'ai préféré cette expression au mot *Introduction* sous lequel
cette publication est annoncée dans le deuxième volume.

a

dont le but est de convaincre, nous qui n'avons entrepris cet ouvrage que dans le dessein de rassembler tous les principes, tous les documens et tous les faits propres à propager et à populariser l'idée d'une réforme, à l'adoption de laquelle nous attachons tant de prix et d'utilité pour le pays, nous n'aurions accompli que la moitié de notre tâche, et sacrifié la plus importante, peut-être, en laissant épars dans ces deux gros volumes tous ces élémens de conviction, au lieu de les réunir et de les grouper ensemble dans un tableau qui, après la longue série des détails, laisse se produire l'effet de l'ensemble. Tel est l'esprit dans lequel nous donnons, sous ce titre d'introduction, un résumé de cet ouvrage, et plus particulièrement du second volume, car, en ce qui concerne le premier, le travail était fait. On ne peut en effet mieux résumer les principes théoriques du code disciplinaire de la Louisiane et de la loi de Genève que ne l'ont fait leurs auteurs eux-mêmes dans les exposés qui les précèdent.

C'est donc ici à-peu-près exclusivement un coup-d'œil général sur les faits observés, sur les documens recueillis, sur tout ce qui constitue, en un mot, l'histoire pratique du système pénitentiaire en Europe et aux États-Unis.

Et d'abord commençons, en suivant l'ordre de l'ouvrage, notre *panorama* par les États-Unis.

§ I. ÉTATS-UNIS.

Nous connaissons donc maintenant l'histoire de ce système pénitentiaire américain, si prôné en Europe, et dont il était si difficile pourtant de parler sciemment. Ces trois époques que nous avons parcourues, et qui en forment les trois grandes divisions, en facilitent l'intelligence et permettent d'en bien saisir désormais le caractère.

La première nous a montré d'abord sa laborieuse origine à Philadelphie, où il lui a fallu toute la puissance de l'esprit d'association, et toute la persévérance et la ferveur de ces quakers, ces membres si actifs et si zélés de toute amélioration sociale, pour triompher des obstacles qui s'opposaient à son adoption; puis nous avons vu les merveilleux succès de ses premiers essais, dont la renommée se répandit si vite dans les deux mondes, comme une bonne nouvelle pour l'humanité, et fit bientôt naître partout l'esprit de prosélytisme et d'imitation.

Pourtant ce n'était pas à proprement dire un système pénitentiaire qu'on avait mis à l'essai à Philadelphie. Rien qui indiquât un plan arrêté, un ensemble de principes théoriques et de règles d'exécution : aussi, quelques années plus tôt, cette réforme introduite dans la prison de Philadelphie, si incomplète dans sa con-

ception et si courte dans sa durée, n'eût été qu'un
accident heureux uniquement pour quelques pauvres
prisonniers, qui seuls en auraient conservé souvenir. Mais bientôt ébruitée par la publicité de la
presse dans les deux mondes; répétée, amplifiée
même, par tous les publicistes alors si préoccupés
de réformes en tout genre et si empressés de recueillir le moindre fait favorable à l'exécution de
leurs plans philanthropiques, cette amélioration ac-
cidentelle de la prison de Philadelphie eut tout-à-
coup l'autorité d'une réforme et l'importance d'un
évènement qui fait date, et a eu de grandes conséquences dans l'histoire de l'humanité.

L'impulsion en effet était donnée, le système
pénitentiaire n'était encore ni exécuté ni même
créé : mais, enfin, alors commencèrent aux États-
Unis ces nombreux essais qui devaient l'y acclimater d'abord, et successivement en révéler la
théorie et en déterminer la pratique.

La seconde époque comprend le récit de tous ces
essais, de leur imperfection, la longue énumération
de tous les abus qui s'y introduisirent et qui failli-
rent compromettre pour long-temps l'adoption du
système pénitentiaire : ainsi cet encombrement des
chambres de nuit, qui nous montre les détenus,
dans le Massachussetts, par exemple, entassés dans
des hamacs suspendus les uns au-dessus des autres;

à Philadelphie, n'ayant chacun, sur le plancher, qu'un espace de six pieds sur deux, ou, comme on disait dans le pays, la *largeur d'une châsse;* dans le Connecticut, logés trente-deux à-la-fois pendant les chaleurs de l'été, dans des chambres de trente-deux pieds de long, dix de large et sept de hauteur, où l'on ne se serait jamais imaginé, avant cette triste expérience, que des hommes en pareil nombre pussent vivre une seule nuit. Ainsi ce système abusif du droit de grâce, dont on avait fait, au lieu d'un moyen de réforme, une question d'économie et de budget, sacrifiant ainsi à ces étroites et dangereuses spéculations d'un esprit mercantile les sages calculs de la prévoyance et les bienfaisantes inspirations de l'humanité; abus poussé si loin dans quelques états, que le coupable, après la chance de n'être pas découvert, ou, s'il était découvert, d'être acquitté, conservait encore, après sa condamnation, plus de probabilité pour sa grâce que pour la pleine exécution de la sentence. Ainsi, encore, cette négligence de l'instruction morale et religieuse à laquelle l'état n'avait même pas pourvu en Pensylvanie, à Baltimore, dans la Virginie, dans le New-Jersey surtout où souvent plusieurs mois se passaient sans service religieux le dimanche, parce qu'il ne s'y était pas rencontré quelque société philanthropique, comme à Philadelphie, ou quelques sectes religieuses, comme les méthodistes de Baltimore, pour suppléer par leur zèle à cette coupable incurie du gouvernement.

Il serait inutile de poursuivre davantage l'énumération des abus introduits dans les pénitenciers, à cette seconde période : époque de *décadence* pour le système pénitentiaire, quand on la compare aux premiers succès de son origine à Philadelphie et aux brillantes espérances qu'ils avaient fait naître, mais époque instructive pour le publiciste qui aime à considérer cette allure indécise de la réforme qui se cherche et s'essaie, et à recueillir tous ces tâtonnemens de l'inexpérience et tous ces faits de l'observation qui bientôt donneront tant d'autorité à la théorie qu'ils doivent faire surgir; époque enfin consolante, même pour le philanthrope, et presque décisive pour l'homme d'état, car, pour celui-ci, ce rapprochement du mal, né de l'oubli et de la violation de ces règles disciplinaires qui avaient produit tant de bien à Philadelphie, est la contre-épreuve de l'efficacité qu'on doit attendre d'un système complet de discipline, appliqué à la régénération des condamnés; et, pour celui-là, le système pénitentiaire, malgré les vices de tous ces malencontreux essais, malgré tous ces innombrables abus introduits dans ce qui s'appelle son exécution, conserve encore une incontestable supériorité sur l'ancien système qu'il a remplacé, et même n'est pas dépourvu de quelques bons effets. Ainsi nous

avons vu ce district de Colombie, qui, placé entre
les états de Maryland et de la Virginie, conserva
l'ancien système, pendant que ces états modifiaient
leur législation et adoptaient le nouveau, et nous avons
entendu M. Thomson, en plein congrès, comparer
les effets produits par ces deux systèmes, et arriver,
par une série de calculs, à démontrer au congrès
que, par sa coupable indifférence à ne pas étendre au
district de Colombie les changemens survenus
dans le régime des prisons pénitentiaires, il avait
offert aux habitans de ce district *sept fois moins*
de garanties pour leurs personnes et leurs propriétés
qu'ils n'en eussent eu en restant citoyens du Maryland ou de la Virginie. Nous avons pu encore juger
de l'influence du système pénitentiaire, même à
cette époque de décadence, par le rapport du progrès des crimes au progrès de la population dans
les états pourvus de pénitenciers, et nous avons vu
que l'accroissement du crime n'avait pas, même sous
cette pratique si défectueuse, excédé l'accroissement
de la population : résultat immense d'où l'on pouvait légitimement conclure tout ce qu'on devait attendre de ce système pénitentiaire amélioré.

Aussi ce sont ces faits qui, en révélant au bon
sens du peuple américain les causes véritables de la
décadence des pénitenciers, éveillèrent de nouveaux
efforts et déterminèrent de nouveaux sacrifices pour

une réforme large et sérieuse, dans l'application de ce système, qui s'étendit de la discipline à la législation et au mode même de construction. Telle est en effet la portée de cette réforme qui constitue, dans l'histoire du système pénitentiaire américain, une ère nouvelle. Il est important de constater ce lien intime qui partout, aux États-Unis, a rattaché la réforme de la législation criminelle à celle des prisons.

Cette troisième époque de l'histoire du système pénitentiaire est celle où il justifie son nom, où du sein de tous ces tâtonnemens partiels et de tous ces essais isolés, il sort avec un commencement de principes généraux, avec un ensemble de règles arrêtées, qu'il porte dans la pratique et qui lui donnent enfin quelque unité et quelque fixité. C'est l'époque de sa *restauration*, en envisageant la précédente comme une époque de *décadence*; mais, à vrai dire, il faudrait plutôt y placer la date de sa naissance que celle de sa résurrection. Il n'y a pas eu, en effet avant cette troisième époque, de système pénitentiaire à proprement parler; mais maintenant il existe et dans la théorie et dans la pratique. Dans la théorie, nous avons vu l'exposé des doctrines diverses des publicistes, mais chacune se rattachant à une unité systématique, et pouvant même toutes se classer et se grouper autour de ces trois systèmes généraux de l'emprisonnement soli-

taire sans travail, de l'emprisonnement solitaire
avec travail, et, enfin, de l'emprisonnement solitaire pendant la nuit, avec classification et travail
en commun pendant le jour.

Dans la pratique, nous avons vu et développé
successivement les projets ou essais d'exécution de
ces trois systèmes, et la tendance générale de tous
les états à l'adoption du dernier, qui compte déjà
trois établissemens remarquables, Auburn, Singsing,
et Wethersfield, d'une supériorité si incontestable
sur tous les anciens pénitenciers.

Sous le rapport de la sûreté, le pénitencier d'Auburn, par l'absence totale d'évasions jusqu'à ce
jour et par les obstacles insurmontables qu'il oppose
à toute tentative à cet égard, a mérité ce beau
témoignage *, qu'il assurait à la sentence son exécution, avec une certitude presque absolue, et pré-
sentait ainsi autant de garanties à la société que la
peine de mort même contre les coupables.

Sous le rapport de son efficacité, le nombre des
récidives y est moindre que dans aucune prison con-
nue. Elles n'ont été jusqu'ici que comme 1 à 32,
tandis qu'à Philadelphie, par exemple, nous les
avons trouvées comme 1 à 3 et 3 et demi.

Sous le rapport des frais de construction, on n'a-

* Rapport à la législation de New-York en 1825.

vait pas encore imaginé de plan de pénitencier moins dispendieux *. Nous avons entendu le juge Powers, dans le compte très exact qu'il rend de l'état de cette prison, porter seulement à 50,800 dollars la dépense de ces cellules, au nombre de 550, jointe à celle des ateliers, corps-de-garde, pompes à feu, etc., etc.; ce qui fait ressortir chaque cellule environ à 92 dollars seulement.

Nous avons vu s'élever, dans le Connecticut, un pénitencier sur le plan d'Auburn, de 136 cellules, dont la dépense, y compris les ateliers et les dépendances de toute nature, n'excède pas 30,000 dollars.

Sous le rapport des frais d'administration et de la nature productive des travaux, nous avons constaté que la dépense effective, pour l'année 1826, à la charge de l'état, pour l'entretien de chaque convict, avait été seulement de 6 dollars 30 cents.

Sans doute plusieurs des anciens pénitenciers ont présenté des résultats en apparence plus satisfaisans. La plupart des anciens pénitenciers, en effet, se sont défrayés totalement, quelques-uns même sont devenus productifs pour l'état **; mais, trop souvent, tout cela n'a été obtenu qu'au préjudice de la réforme morale, et n'a été que le résultat obligé d'un calcul de fiscalité plutôt que l'heureuse conséquence

---

* *Voyez* tome II, page 152 et suivantes.
** *Voyez* tableau D, page 238, tome II.

de l'activité des détenus et de leur progrès dans l'amour du travail et dans l'intelligence de leur profession.

Ainsi considéré, soit sous le rapport physique, soit sous le rapport moral, soit sous le rapport économique et financier, le système pénitentiaire est arrivé, aux États-Unis, à prévenir les évasions, à diminuer d'une manière très remarquable les récidives, et enfin à réduire considérablement le taux des frais de construction et d'entretien des pénitenciers. Certes c'est là un beau et grand résultat ; mais pourtant est-ce là le dernier mot de la réforme, son dernier terme ? Non, sans doute, la théorie du système pénitentiaire n'est pas encore arrêtée aux États-Unis, et l'on convient généralement de ce qu'il y a encore de défectueux et d'incomplet dans la discipline d'Auburn : aussi c'est au mieux que l'on aspire et que l'on tend.

Mais un bien, un résultat immense déjà obtenu, c'est qu'aujourd'hui la cause du système pénitentiaire est désormais gagnée aux États-Unis. C'est une croyance qui y est populaire, universelle, qu'il est au pouvoir et par conséquent du devoir des gouvernemens de régénérer les condamnés, de les rendre à la société à l'époque de leur libération tout autres qu'ils n'en sont sortis à l'époque du crime, et ainsi de mettre enfin les codes pénaux d'accord avec

la raison, avec l'intérêt social, avec eux-mêmes, en
ne donnant pas pour but aux peines temporaires la
simple suspension du crime, mais sa destruction. Ce
but doit être atteint, il peut l'être : plus de contes-
tation aux États-Unis sur le principe de cette obligation et la possibilité de son exécution. Cette vérité
a en effet reçu une sanction positive et solennelle au
sein du congrès en deux occasions différentes. Les
États-Unis ont une double juridiction, l'une relative à différens crimes contre la souveraineté des
États-Unis, contre les pouvoirs législatif, exécutif,
judiciaire, contre la tranquillité publique, contre le
droit de suffrage, contre les lois des nations, contre
le revenu de l'état tel que le crime de fabrication
de fausse monnaie, contre sa sécurité publique tel
que le vol des malles-postes, etc., etc.; l'autre relative
aux délits communs dans les districts placés sous le
gouvernement immédiat de l'union, tel que le district de Colombie. Ils exercent exclusivement cette
seconde juridiction, et la première selon la nature
des crimes, soit exclusivement, soit concurremment
avec les états où ces crimes ont été commis. Appelé
ainsi à délibérer sur les avantages du système pénitentiaire pour les prisons de district et pour la répression des crimes qui ressortent de la juridiction
des États-Unis, le congrès s'est hautement et solen-
nellement prononcé en faveur de ce système par

une double adoption. En 1825, il a décidé que ce système ferait partie du code criminel de l'union dans un acte passé à l'effet de pourvoir à la répression de certains crimes contre les États-Unis et dans un autre acte relatif au département des postes. En 1826, une occasion plus positive encore s'offrit au congrès d'exprimer, au nom de tous les États-Unis, son adhésion au système pénitentiaire suivi par quelques-uns. Il s'agissait d'une prison à construire dans le district de Colombie, placé sous la juridiction immédiate de l'union. Le 24 février, la chambre des représentans se forma en comité général sous la présidence de M. Tomlinson, du Connecticut, pour entendre le rapport de M. Thomson, au nom de la commission qui avait été nommée. « Lorsque le rapport à faire sur cet objet, dit-il, me fut confié par le comité, j'étais imbu des préjugés qui existent dans plusieurs états contre le système pénitentiaire. Je commençai mes recherches avec la ferme persuasion que chaque pas que je ferais, j'acquerrais de plus en plus la conviction de son impuissance totale pour réprimer le crime ; mais il est arrivé le contraire. Je suis *pleinement convaincu* que ce système est non-seulement *le plus humain, mais en même temps le plus sage de tous les systèmes de châtimens inventés jusqu'ici par l'esprit humain.* » Ce fut après cette déclaration de M. Thomson, longuement motivée dans son rapport que la chambre des représentans adopta le bill portant érection d'un pénitencier dans le district de Colombie. Dans la même session le sénat et la chambre des représentans votèrent une somme de 40,000 dollars pour l'érection d'un pénitencier à Washington, contenant cent soixante cellules séparées, en laissant du reste la détermination du plan à l'approbation du président des États-Unis.

Si la cause du système pénitentiaire est gagnée désormais, rien du moins n'indique encore une opinion arrêtée, une résolution prise sur le choix définitif des moyens d'exécution de ce système; sur le plan de construction, le mode de discipline, sur l'emploi du *solitary confinement*, sur la nature et la distribution des travaux, etc., etc., etc. Mais à cet égard la solution ne peut tarder. En effet, chargé par le congrès de rédiger un ensemble de lois criminelles pour les États-Unis, embrassant sa double juridiction, et comprenant un *Code de procédure criminelle*, un *Code des délits et des peines* et un *Code de la discipline des prisons*, M. Edouard Livingston vient d'achever ce travail, qui a été imprimé par ordre de la chambre des représentans pour être discuté dans la session de cet hiver. Le projet de son code sur la discipline des prisons n'est que la reproduction de celui préparé pour la Louisiane et publié dans le premier volume de cet ouvrage.

Or, le système que M. Livingston y propose et qu'il y développe, n'est l'adoption positive d'aucun des trois systèmes d'emprisonnement solitaire sans travail, ou d'emprisonnement solitaire avec travail, et enfin d'emprisonnement solitaire pendant la nuit, avec travail en commun le jour et classification. Le code de M. Livingston n'est pourtant pas un quatrième système, mais plutôt une espèce de fusion des trois précédens. Il admet l'emprisonnement solitaire, de jour comme de nuit, et en cela se rapproche du premier système. Il admet le travail avec l'emprisonnement solitaire, et en cela se rapproche du second. Enfin il admet des restrictions au travail solitaire, quelques travaux en commun, et en cela se rapproche du troisième, qui est cependant celui dont il s'éloigne davantage. En effet, dans le système de M. Livingston, les condamnés à temps passent les premiers momens de leur emprisonnement pénitentiaire dans une réclusion solitaire absolue, privés à-la-fois et de travail et de communication. Les premiers allégemens à cette captivité sont la faculté de travailler, les visites du chapelain et les leçons du maître d'école. Ce n'est qu'au bout de six mois que, sur les certificats du chapelain, du maître d'école et du gardien, le condamné est admis à une instruction simultanée dans une classe de huit au plus, où il doit être conduit séparément et ramené de même à sa cellule. Ce n'est qu'après dix-huit mois de travail solitaire qu'en obtenant les certificats précités, il peut être admis à travailler dans une classe de dix individus au plus; et ce privilège n'est accordé qu'à ceux dont le travail pendant les dix-huit mois a excédé en valeur le prix de leur nourriture et de leurs vêtemens, à moins que par suite de maladie ils n'aient perdu un nombre de jours de travail dont la valeur soit égale au déficit de leur compte.

C'est là la plus large restriction apportée à la solitude du travail et de l'emprisonnement, car chaque classe de travailleurs doit avoir un atelier spécial, de manière qu'il n'y ait aucune espèce de communication.

Ce système de M. Livingston a été conçu par lui, sous l'empire de deux idées fixes, l'impossibilité d'abord du travail en commun sans l'emploi des châtimens corporels pour le maintien de la discipline*, l'impossibilité ensuite d'admettre le système de classification dont l'utilité lui paraît être en sens inverse du nombre des individus de chaque classe, et ne se rencontrer ainsi qu'au point où il perd son nom et sa nature dans la séparation complète des individus. Ainsi M. Livingston proscrit l'association ou classi-

* Tome I, introduction au *Code disciplinaire*, page 12.

fication et le travail en commun, parce que la corruption des condamnés lui paraît être la conséquence nécessaire de l'une, et le recours aux châtimens corporels la suite inévitable de l'autre.

Ce système sera-t-il accueilli par le congrès? nous ne pouvons le croire, d'abord parce qu'il présente des difficultés d'exécution qui le rendent presque impraticable. Combien en effet faudra-t-il d'instituteurs, combien faudra-t-il de chapelains pour tous ces condamnés isolés que M. Livingston ne veut pas même réunir le dimanche pour le service divin ! « La réunion des condamnés le dimanche, dit-il *, serait absolument incompatible avec les premiers principes du système. On ne pourrait maintenir l'ordre sans recourir aux châtimens corporels. »

Et le travail, quelle en sera le nature, quels en seront les produits ? Comment résoudra-t-il toutes ces objections si justes et si vraies, déduites à cet égard par plusieurs publicistes des États-Unis et développées au chapitre iv de cette troisième époque ? Et pourtant M. Livingston présuppose le travail solitaire du prisonnier assez productif pour ne lui accorder, au bout de dix-huit mois, le privilège de travailler avec quelques autres qu'autant qu'il ait déjà payé la valeur de sa nourriture et de son entretien. Nous

---

* Tome i, page 27.

b

pourrions signaler bien d'autres difficultés d'exécution, si nous ne nous proposions autre chose que
d'appuyer simplement notre opinion de quelques
motifs à l'appui.

Une seconde raison qui ne nous permet guère de
croire à l'adoption du système de M. Livingston par
le congrès, c'est qu'il rejette et heurte de front les
deux principes précisément les plus généralement
admis et les mieux accrédités aux Etats-Unis comme
fondement d'un bon système pénitentiaire, le principe de la classification et du travail en commun.

Enfin, notre troisième et dernière raison, c'est
que cette corruption et cet emploi des châtimens
corporels que M. Livingston regarde comme conséquences nécessaires de l'adoption de ces deux
principes, ne nous paraissent que des allégations
tout-à-fait dépourvues de preuves. Il n'est pas un
fait que M. Livingston cite et qu'il puisse citer à
l'appui. Serait-ce en effet le pénitencier d'Auburn?
mais cet usage des châtimens corporels qu'on y
admet est précisément l'objet de nombreuses et
vives récriminations aux Etats-Unis; et nous avons
vu les commissaires rédacteurs du code pénal de
Pensylvanie en dénier eux-mêmes la nécessité, et reconnaître au *solitary confinement* toute l'efficacité
desirable pour maintenir la discipline intérieure
dans la prison. Cette opinion n'en est plus une pour

nous autres Européens, c'est un fait constaté, une expérience désormais acquise, ainsi que nous le verrons en parlant du système pénitentiaire en Europe. Qui n'a visité les prisons pénitentiaires de Genève et de Lausanne, qui n'a admiré le bel ordre intérieur dans les ateliers, le silence absolu qui y règne, cette prompte et rigide observation de la règle? Eh bien! toute cette admirable discipline se maintient par l'emploi de l'emprisonnement solitaire pour punition de ses infractions. Ah! que M. Livingston n'a-t-il été témoin avec moi de cette observation du dimanche dans le pénitencier de Lausanne; que n'a-t-il vu cet air humble et résigné de tous les prisonniers des deux sexes réunis dans la chapelle en quatre classifications seulement, pour entendre la parole de Dieu! Que n'a-t-il observé leur tenue et suivi leurs mouvemens, saisi leurs impressions et vu couler des larmes pendant l'allocution du chapelain *! Ah! que M. Livingston eût senti en ce moment que la puissance de la prière n'est pas au fond d'une cellule solitaire, et que rien n'impressionne les hommes comme d'associer ainsi leurs voix suppliantes et leurs pieuses émotions!

---

* Il est vrai, c'était M. Manuel qui leur parlait, c'était leur ami, leur consolateur, leur père. Cette figure si calme, cette parole si douce et si persuasive, les portait au recueillement et au repentir.

Tels sont les motifs qui nous portent à penser que le système de M. Livingston ne sera point accueilli par le congrès, et qu'ainsi son projet de code n'aura point encore résolu le problème de la théorie du système pénitentiaire.

Mais combien ne l'aura-t-il pas avancé! car ce code disciplinaire de M. Livingston a une immense supériorité sur tous les travaux de ses devanciers. Lui seul a senti toute la portée de la réforme et en a tracé la sphère. Il a montré que le système pénitentiaire réclamait un ensemble d'institutions auquel son succès était essentiellement lié. Et c'est en décrivant ces institutions, en exposant les principes constitutifs qui leur sont propres, en même temps que les rapports qui les lient entre elles, qu'il a élevé un des plus beaux monumens de législation de notre époque. Plusieurs parties du plan de M. Livingston avaient été proposées à diverses époques, quelques-unes même partiellement exécutées; nous avons vu à New-York et en Pensylvanie des établissemens destinés aux jeunes délinquans, et plusieurs pays de l'Europe ont des maisons de refuge et de travail; mais toutes ces institutions éparses n'avaient pas encore été réunies et présentées comme parties intégrantes d'un système complet avec un tel lien de connexion entre elles que l'omission d'une seule pourrait à un haut degré neutraliser le bon effet qu'on pourrait attendre des autres. Voilà ce qui recommande le travail de M. Livingston à l'estime des publicistes et aux méditations des hommes d'état.

§ II. EUROPE. — PAYS-BAS.

Dans ce coup-d'œil sur le système pénitentiaire , ce n'est pas l'ordre chronologique qui nous ramène de l'Amérique en Europe; car, en y restant fidèle, c'est par notre continent que nous eussions dû en commencer l'histoire. Ici comme bien ailleurs l'Europe est encore la fille aînée de la civilisation moderne. Elle a incontestablement les mérites d'une initiative qu'elle est loin pourtant de soupçonner. Comme nous l'avons observé en effet, si l'on disait aujourd'hui à l'Europe de chercher au système pénitentiaire une origine autre que l'Amérique, assurément elle ne songerait guère à se faire à elle-même les honneurs de cette origine et la restitution de ce titre usurpé. Pourtant il n'y aurait que justice, et nous avons entendu l'Amérique la lui rendre notamment dans ce célèbre et récent rapport des commissaires rédacteurs du code pénal de Pensylvanie, qui renvoie tous les admirateurs de la fameuse prison d'Auburn à la maison de Gand , érigée par les états de Flandre en 1772 , comme le véritable type

dont l'institution d'Auburn n'est qu'une imitation.
Aussi, nous le redirons, ce n'est certes pas une des
scènes les moins curieuses qui se passent entre nos
deux hémisphères que ce spectacle de l'Europe en
extase devant l'Amérique à laquelle l'humanité a dû,
en 1786, la belle découverte du système pénitentiaire, et celui de l'Amérique à son tour se proster-
nant devant sa sœur aînée pour avouer que ce qu'elle
a fait jusqu'à ce jour a été d'imiter et de perfectionner ce qui se faisait dès 1792 dans les Pays-Bas.
Tant il est vrai que, malgré les progrès de la civilisation et cette rapidité merveilleuse de communications qu'elle offre entre les peuples, toujours est-il
que sous beaucoup de rapports ils ne semblent guère
encore en avoir profité, car ils vivent pour la plupart dans une incroyable ignorance de leurs législa-
tions et de leurs institutions réciproques. De là
cette incroyable facilité avec laquelle une foule de
préjugés se propagent et se perpétuent au point d'a-
journer et de compromettre même le succès de la
vérité historique, quand elle vient à luire. C'est
ainsi par exemple que depuis la mémorable discussion de 1816 au sein de la chambre des pairs sur la
déportation, depuis la publication des voyages des
capitaines Freycinet et Duperrey autour du monde,
depuis les rapports de M. Bigg et les enquêtes du
parlement anglais, s'il est un fait bien avéré, c'est

l'*inefficacité morale* de l'établissement anglais de Botany-Bay, et pourtant, entendez nombre d'hommes éclairés parler de réforme des criminels, c'est toujours Botany-Bay qu'ils citent comme le plus bel antécédent de la philanthropie et l'argument décisif en faveur de la régénération des condamnés.

Eh bien ! il en est de même de cet autre argument en faveur de la réforme qui a partagé heureusement à meilleur titre la popularité de Botany-Bay. Bien des gens ont vu il y a nombre d'années une relation du vertueux duc de Liancourt sur la prison de Philadelphie et sur le succès des premiers essais du système pénitentiaire. Cette relation a même été lue par la génération nouvelle, car on l'a réimprimée dans les premières années de la restauration. Or, on voit maintenant par cet ouvrage ce qui est advenu : c'est qu'on a étendu à trente-cinq années une relation qui n'en n'embrassait que trois ou quatre ; c'est qu'on a compris tous les États-Unis dans un récit qui n'en concernait qu'un seul. Il n'en a plus fallu dès-lors davantage pour parler en 1828 de ce qui se passait en 1793, comme si les choses étaient toujours restées dans le même état, et pour faire de l'histoire de Philadelphie celle de tous les États-Unis.

Et pourtant que s'est-il passé en Pensylvanie et ailleurs depuis 1789 ? qu'est devenu le système pénitentiaire? quelles altérations n'a-t-il pas subies? quels périls n'a-t-il pas encourus pour son maintien, si le bon sens américain n'avait enfin découvert combien on attribuait à tort à ce système les inconvéniens imputables au contraire à la violation de ses règles et à l'oubli de sa nature! Aussi, il renaît presque aujourd'hui de ses cendres, mais heureusement mieux apprécié, mieux pratiqué que jamais, et fort d'un titre de plus à notre confiance puisqu'il peut invoquer en sa faveur le témoignage des bons comme des mauvais jours.

Sans doute, ces vérités historiques jetées au milieu de nos préjugés actuels désenchanteront quelques imaginations peut-être qui veulent partout du merveilleux, et troubleront même les doux rêves de quelques vertueux philanthropes qui, prenant leur belle âme pour le miroir de l'humanité tout entière, deviennent trop crédules par habitude de probité et de vertu; mais les publicistes, les hommes d'état, qui, accoutumés à observer et à suivre le cours ordinaire des choses humaines et toujours en garde contre les récits de faits qui viennent trop brusquement le heurter et le démentir, veulent toujours y démêler et y saisir des résultats qui ne dépassent pas les bornes de l'attente et de la prévoyance humaine, ceux-là sentiront leur jugement satisfait, leur froide raison convaincue, et se trouveront bien mieux disposés en faveur du système pénitentiaire, lorsqu'ils ne le verront pas tout-à-coup jaillir comme un éclair du sein d'un premier essai; mais au contraire laborieusement enfanté par de longues années d'expérience et rudement éprouvé par plus d'un obstacle et d'un revers.

Mais revenons aux états de Flandre, à la maison de Gand, à ce merveilleux berceau du système pénitentiaire en Europe. Car quand on se reporte à l'époque, quand on songe quel était alors l'état des prisons de notre continent, il y a quelque chose de gigantesque et de merveilleux dans ce plan qui, sous le rapport de l'architecture, est le plus grand et le beau plus monument de ce genre qui ait jamais été conçu, et qui, sous le rapport de son but, avait reçu la plus vaste destination qu'on ait encore, je ne dirai pas réalisée, mais imaginée depuis. En effet, en parlant du beau travail de M. Livingston, nous avons dit que ce qui en faisait le haut mérite, c'était d'avoir le premier rattaché au système pénitentiaire les institutions placées sous sa dépendance immédiate et intimement liées à son succès; qu'avant lui on n'avait projeté et élevé des maisons de travail et de refuge, des écoles de réforme, que partiellement et isolément, sans faire entrer ces institutions dans cette sphère d'action du système pénitentiaire à laquelle elles se rattachent.

Mais à la vue de cette maison de Gand, de ces
quartiers des criminels pour chaque sexe, où la surveillance, l'inspection, la séparation de nuit, le travail de jour en silence et avec classification, le système
du pécule, etc., etc., enfin tout est combiné d'après
les meilleurs principes du système pénitentiaire qui
n'ont été que confirmés et non inventés depuis; à
la vue de ce quartier des mendians et des vagabonds
qui formait à lui seul un vaste établissement répressif du vagabondage et de la mendicité; à la vue de
cet autre quartier destiné à servir de maison de refuge
pour la pauvreté honnête, et tout à-la-fois d'école
d'industrie où les états de Flandre fondaient des
bourses, « afin, disaient-ils, d'aller au-devant des
besoins d'une jeunesse qui devait être utile, et qui,
faute du nécessaire, ne pouvait l'être réellement
qu'en se procurant des secours et des avances indis-
pensables »; à la vue de cet établissement si admirable à-la-fois dans son ensemble et dans ses détails,
certes, sans rétracter nos éloges envers M. Livingston, nous sentons pourtant l'injustice qu'il y
aurait à ne pas en reporter une partie sur ce vi-
comte Vilain XIII qui conçut et proposa aux états
de Flandre le projet de la maison de Gand, et sur
ces états qui l'adoptèrent et coopérèrent si généreu-
sement à son exécution.

Après avoir ainsi retrouvé dans l'histoire cette

date presque ignorée de ce vaste projet et son admirable exécution, on se demande comment un fait de cette nature se soit passé en Europe sans vivre dans la mémoire des hommes. C'est que malheureusement le monument, une fois élevé, resta seul debout. Le système disparut comme un spectacle que l'Europe eut trop peu de temps sous les yeux pour en garder souvenir. Nous n'avons qu'Howard pour nous le raconter, et encore n'en fut-il témoin qu'à son premier voyage; à son second, déjà ce n'était plus le même établissement. Joseph II, qui ailleurs poussait parfois jusqu'à l'imprudence et l'exaltation l'impatience des réformes, détruisit par d'injustes préventions la seule que Marie-Thérèse eût consenti à entreprendre, et qu'elle lui légua à accomplir. Bien d'autres causes encore rendirent stationnaire et rétrograde, même dans les Provinces-Unies, ce mouvement de réforme qui en avait pourtant reçu une si brillante et si forte impulsion. Sous le gouvernement des stathouders en effet, chacune des provinces ayant son existence à part, l'absence d'unité, de pensée et d'action politique et administrative ne permettait guère au système pénitentiaire de s'y propager à travers tant d'autres obstacles, d'ailleurs nés de ces juridictions diverses attachées à chaque ville qui avait à ce titre de justicière sa prison qu'elle réglementait exclusivement.

Nulle réforme ne pouvait naître d'un pareil ordre de choses ; mais lorsque, après bien des vicissitudes politiques, les évènemens de 1814 réunirent les dix-sept anciennes provinces sous le sceptre du roi actuel, alors l'unité monarchique et à-la-fois législative et administrative dans un pays qui restait soumis à l'empire des codes de la France, en échappant à sa souveraineté, ouvrait une belle carrière à la réforme, et une belle occasion au prince régnant de faire revivre le système pénitentiaire dans le pays où il avait eu son glorieux berceau. Cette idée ne resta pas étrangère sans doute au gouvernement, puisque, par l'arrêté organique de 1821, il décréta l'érection de deux pénitenciers, l'un pour les provinces du nord, l'autre pour celles du midi, et qu'il ordonna, par arrêté du 2 septembre 1824, l'achèvement du plan octogone de la maison de Gand. Malheureusement cet arrêté organique de 1821 sur le système pénitentiaire n'a été suivi d'aucun effet dans le nord, et d'un commencement trop imparfait d'exécution dans le midi par l'affectation de l'ancien couvent de Saint-Bernard, près d'Anvers, à une destination pour laquelle il n'a pas été fait. Quant à la maison de Gand, on a continué le bâtiment, mais non le système de 1772. Le gouvernement des Pays-Bas n'a malheureusement vu dans les prisonniers, à Gand comme ailleurs, que des machines à bras qu'il s'agit d'exploiter, comme si, dans un pays civilisé, le crime devait figurer au chapitre des recettes de l'état. Tant que le gouvernement des Pays-Bas ne comprendra pas que le perfectionnement moral des détenus est le premier but de la réforme des prisons, et qu'ainsi que le disait Samuel Romilly dans le parlement anglais, le système le plus économique n'est pas celui qui donne le plus de recettes, mais qui prévient le plus de récidives; tant qu'il obéira à cette préoccupation exclusive qui ne lui fait voir dans l'ordre et le but d'une prison que celui d'un atelier, il faudra dire à sa honte que c'est le pays où le système pénitentiaire a pris naissance qui méconnaît le plus ouvertement la sagesse de ses principes, et qui sacrifie le plus cruellement l'intérêt de sa gloire.

§ III. ANGLETERRE.

C'est dans les Provinces-Unies, à la maison de Gand, que nous avons trouvé le vertueux Howard. Il y venait étudier le système pénitentiaire à son berceau pour en emporter le bienfait dans son pays; aussi suivre Howard en Angleterre, c'est suivre le développement du système pénitentiaire en Europe dans son ordre naturel et chronologique.

L'histoire de la vie d'Howard, comme nous l'a-

vous vu, est désormais celle du système pénitentiaire en Angleterre. Lorsque, après avoir visité les
prisons de la France, des Pays-Bas, de l'Allemagne,
de la Suisse pendant les années 1775 et 1776,
Howard vint publier en Angleterre son ouvrage sur
les prisons, qu'il dédia à la chambre des communes
à l'appui de sa pétition pour l'établissement de maisons pénitentiaires, les circonstances ne pouvaient
être plus favorables au succès de ses travaux philanthropiques. L'émancipation des colonies américaines jetait le gouvernement dans le plus grand
embarras. Il ne savait que faire de cette population
de coupables qu'il ne pouvait plus transporter dans
ses colonies insurgées : aussi le système pénitentiaire
proposé par Howard fut-il adopté. Howard lui-
même fut chargé, avec Blackstone, de la rédaction
de cette fameuse loi de 1779 pour l'exécution de
laquelle se forma aussitôt la commission dont il fut
nommé membre. Tout annonçait donc, ainsi que le
déclarait formellement d'ailleurs le préambule de la
loi de 1779, que le système pénitentiaire allait remplacer la peine de la déportation; mais le fâcheux
désaccord qui amena la dissolution de cette commission, et le funeste ajournement qu'entraînèrent
l nomination et les travaux de celle qui lui succéda,
      permirent plus au système pénitentiaire aucun
essai, aucun résultat général, mais seulement quel-

ques applications isolées et quelques essais partiels.
C'est ainsi qu'en 1785 une loi autorisa l'érection du
pénitencier de Glowcester, le premier établissement
de ce genre dont le succès contribua si puissamment à déterminer dans la suite le parlement à continuer l'essai sur une plus grande échelle.

Ce pénitencier fut du reste la seule application de
son système dont Howard fut témoin dans son pays
pendant le cours de sa vie; mais ce ne fut pas le seul
fruit qu'il recueillit de ses utiles et constans travaux. Car, si peu d'hommes ont montré plus de dévoûment pour améliorer le sort de leurs semblables
et plus de persévérance dans l'accomplissement de
cette belle et généreuse vocation, bien peu d'hommes aussi en ont été mieux récompensés pendant
leur vie et après leur mort. En effet, lorsque, prisonnier dans la guerre de Sept-Ans, Howard visite les
prisons à Lisbonne et vient à son retour dénoncer
à son gouvernement les mauvais traitemens des
Français à l'égard de ses compatriotes, sa voix est
aussitôt entendue, et il a la gloire de voir à sa demande le gouvernement anglais exiger par voie diplomatique le redressement des griefs qu'il a signalés. Lorsque plus tard, en 1773, nommé schérif
dans le comté de Bedfort, il dénonce au parlement
l'état déplorable des prisons, à sa voix encore le
parlement porte une loi pour réformer plusieurs des

abus, et vote des remercîmens solennels à Howard
pour les avoir signalés aux représentans du pays.

Enfin, lorsque, après avoir visité les prisons du
continent, il revient en Angleterre en 1777, les
hommes et les choses, tout semble conspirer en faveur de sa réforme qu'il vient proposer, et son ouvrage est à peine publié et présenté aux chambres,
que le gouvernement a adopté le système pénitentiaire, et qu'Howard lui-même est successivement
nommé membre de la commission chargée de rédiger la loi et de celle formée pour son exécution.
Sans doute cette exécution ne fut pas ce qu'elle devait être, mais enfin Howard de son vivant vit s'é-
lever, vit prospérer le pénitencier de Glowcester,
et après lui quelle n'a pas été l'autorité de son nom,
le respect de sa mémoire depuis le pays où il naquit
jusqu'aux déserts où il alla mourir! *

Nous avons vu, après la mort d'Howard, que le
système si onéreux et si inefficace de la transportation à la Nouvelle-Galles ramena souvent l'attention
du parlement anglais sur la loi de 1779 et l'adoption du régime pénitentiaire qu'elle avait prescrite.
C'est sous l'influence de ces circonstances que le
parlement adopta en 1793 le plan panoptique de

---

* On a élevé à Londres une statue à Howard, et, dans les déserts de Kherson, où il mourut le 20 janvier 1790, l'empereur
Alexandre a ordonné en 1819 de lui élever un monument.

Bentham, pour l'érection duquel il vota des fonds
et qu'il abandonna ensuite, en 1802, pour revenir
au plan primitif d'Howard, relatif à la construction
d'un pénitencier-modèle à Londres. Mais on se contenta de voter l'allocation de 20,000 liv. st., et il
fallut la motion de Samuel Romilly en 1810, et les
fameux débats qu'elle souleva dans le parlement,
pour contraindre le gouvernement à l'érection du
pénitencier de Millbank, qui, en 1816 seulement,
reçut pour la première fois des détenus, et qui ne
fut complètement achevé qu'en 1822. Il faut lire ces
débats * pour en apprécier toute l'importance, car
il ne s'agissait rien moins dans la motion de Romilly
que de la comparaison des trois systèmes légaux
de pénalité pratiqués envers les criminels, savoir :
la transportation, *la détention sur les pontons*,
l'emprisonnement pénitentiaire; de la supériorité du dernier et de la nécessité, en conséquence,
d'en revenir à l'exécution de la loi de 1779.

On ne trouve partout au sein de la chambre des
communes que sympathie pour le système pénitentiaire, qu'aveu général de son efficacité et qu'assentiment unanime pour son adoption; mais comme
troisième moyen de répression du crime et non exclusif, par conséquent, des deux autres, les *pontons*

---

* Tome ii, page 279.

c

et la *transportation*. C'est en ce sens qu'après le rejet de la motion de Romilly, la chambre adopte unanimement celle de M. Bathurst, consistant dans la résolution d'aviser à la prochaine session aux moyens, d'élever le pénitencier connu sous le nom de *Millbank*.

Du reste, plusieurs traits remarquables de cette discussion, c'est l'unanimité des opinions sur l'efficacité du système pénitentiaire, non-seulement d'après la sagesse de ses principes théoriques, mais surtout d'après l'heureuse expérience de ses essais en Angleterre même et en Irlande; c'est ensuite l'incertitude sur le mode d'exécution, et sur la question surtout de savoir si la concentration d'une population de 900 à 1,000 détenus dans un seul pénitencier n'est pas contraire à l'efficacité et au but de ce système; c'est encore l'opinion qui semble générale dans la chambre relativement à l'emploi du *solitary confinement* comme moyen de répression purement disciplinaire et son adhésion, par conséquent, au principe de classification conseillé par Howard; c'est enfin au sein de l'assemblée des représentans d'un peuple qu'on n'accuse pas toujours sans raison peut-être d'avoir trop porté dans la vie publique les calculs mercantiles de sa vie industrielle, cette préoccupation générale et exclusive pour la régénération des condamnés comme la question qui domine toutes les autres, et à la solution de laquelle tout doit céder.

Après avoir examiné le caractère de ces débats, arrivés ainsi à en apprécier le résultat, nous ne pouvons méconnaître un échec pour le système pénitentiaire dans le rejet de la motion de Romilly et dans l'adoption de celle de M. Bathurst. Ce n'était pas l'érection de Millbank qui devait remplir le but de la loi de 1779; il était désormais manqué. Le système pénitentiaire était appelé par cette loi à prendre rang dans l'échelle des peines après la peine capitale, et à la renverser un jour, ainsi qu'il y est glorieusement prédestiné par la marche progressive de son influence et par le mouvement de la civilisation. En effet, à l'époque de cette émancipation des colonies américaines, il devait remplacer la transportation sans ce fatal désaccord dans la commission chargée de son exécution, sans ces funestes ajournemens qui nous sont connus. Le gouvernement eut le temps de porter ses regards sur la Nouvelle-Galles, et en attendant d'ailleurs de vieux vaisseaux reçurent provisoirement les déportés : c'est ainsi que lorsque le système pénitentiaire est venu se reproduire, il a trouvé deux systèmes rivaux au lieu d'un seul, et désormais les fonds immenses engagés dans la colonisation de la Nouvelle-Galles et l'extension des *pontons* ne lui permettent plus en Angleterre qu'une position secondaire et assez insignifiante, même là où il aurait pu aspirer à la suprématie et où elle lui fut même un moment décernée par la loi. On voit donc clairement que le système pénitentiaire qui a au-dessus de lui la peine capitale et la transportation; au-dessous les prisons (gaols) et les maisons de correction affectées aux délinquans, aux vagabonds et aux simples félons, n'occupe dans l'échelle des peines qu'une place intermédiaire pour les cas de commutations des condamnations à la transportation, place qui est encore disputée et envahie même chaque jour par la multiplication des pontons. Ce système est ainsi sans avenir en Angleterre.

Cette seule exposition de l'ordre hiérarchique de la pénalité le démontre assez, et pourtant il est bien des obstacles d'une autre nature qui l'entravent encore. En Angleterre, d'après les 5 et 6 rapports de la société pour l'amélioration des prisons, il y a 170 bourgs, cités, villes et lieux francs auxquels est attaché le droit de justice en matière criminelle. Tous ces lieux sont munis de prisons. Dans l'Angleterre proprement dite, il y en a 140 qui reçoivent annuellement environ 8,000 individus. L'état de ces prisons est généralement déplorable : point d'occupation, point d'instruction morale ou religieuse, souvent même point de séparation pour les sexes, pour les malades, etc., etc. ; et la réforme de pareils abus éprouve d'autant plus de difficultés que les au-

torités municipales regardent toute investigation de
la part du parlement ou des sociétés philanthropiques comme une atteinte portée à leurs prérogatives.
Ainsi se retrouve cette absence de l'unité administrative et judiciaire que nous signalions tout-à-l'heure
dans les Pays-Bas, et qui est si nécessaire à la réforme
des prisons. Nous ne sommes guère partisans, assurément, du système de concentration, et nous croyons
que même en Angleterre, où les libertés locales ne
sont que des débris mal coordonnés entre eux de la
féodalité, on en remarque souvent encore l'heureuse
influence. Mais en matière de législation criminelle,
où le premier principe est l'égalité de la peine comme
conséquence de l'égalité devant la loi, il faut bien
une unité d'action qui assure à la loi son unité d'exécution, et qui rende ainsi la peine commune à tous
et la même pour tous. Or, ce but ne peut être atteint
que par un système uniforme dans le régime et la
discipline des prisons, qui n'est plus, comme on le
voit, chose d'intérêt local, mais d'intérêt général, et
comme telle de gouvernement central.

Un autre obstacle qui ne peut pas permettre au
système pénitentiaire de s'acclimater en Angleterre,
c'est qu'il ne se lie que comme réforme secondaire
à une réforme antérieure qu'il présuppose, celle de
la législation criminelle. C'est une vérité que M. Julius a établie sans peine dans sa seconde leçon sur

les prisons, en faisant l'exposition de cette législation pénale, de ce dédale, dit-il dont l'obscurité et
l'enchevêtrement font assez comprendre comment
la nécessité d'un bon régime des prisons a dû se
faire sentir en Angleterre plus tôt qu'ailleurs, et
comment, malgré l'état de perfectionnement assez
remarquable auquel ce régime y est parvenu, presque tous les fruits qu'on pouvait en attendre se
trouvent perdus par la défectuosité des lois criminelles. Nous n'avons pas à suivre ici l'auteur dans
l'explication de ce code si prodigue de sang humain
et autres pénalités, d'après lequel, suivant les calculs de sir William Addington, parmi les actions
que l'homme peut commettre chaque jour, il en est
6789 à qui la mort, la déportation, la prison ou
l'amende sont attachées; mais nous avons à regretter
que la réforme commencée par Samuel Romilly et
continuée avec zèle par les Makinstoch, les Peel *,
ait trouvé tant d'obstacles dans cette chambre haute
qui, comme le remarque le célèbre jurisconsulte
Miller, a servi d'écluse au torrent réformateur qui
s'échappait de celle des communes.

Enfin, un dernier obstacle, selon nous, à la propagation et au succès du système pénitentiaire en
Angleterre, c'est la situation économique et finan-

---

* Le discours du roi d'Angleterre, à l'ouverture du parlement,
nous annonce que cette réforme va reprendre son cours.

cière de ce pays. On sait en effet les dures privations auxquelles la population ouvrière n'est que trop exposée par la diminution dans le taux des salaires. Souvent les choses en viennent au point qu'on ne peut plus même occuper ces bras dont l'emploi est pourtant toute la fortune du pauvre. Comment donc procurer des travaux salariés dans l'intérieur des prisons, quand au-dehors leur rareté, leur absence même est une des plaies du pays? Cette objection, trop générale à toutes les prisons d'Angleterre, sur la difficulté de trouver de l'emploi aux détenus et de leur en donner même sans nuire à la population vertueuse, a paru à MM. Buxton et Cuningham n'avoir qu'une solution possible ; ils conseillent d'avoir recours aux travaux improductifs qui déjà s'introduisent dans les prisons d'Angleterre. Mieux vaut toujours sans doute le travail même improductif que l'oisiveté; mais est-ce là ce que réclame le système pénitentiaire? C'est l'amour du travail qu'il veut donner à l'homme, comme une des premières conditions de sa régénération et des meilleures garanties de sa moralité. Mais cet amour d'un travail stérile, sans but et sans attrait, comment l'inspirer à l'homme? On a senti dans tous les pays qu'il ne fallait pas faire travailler les détenus comme des esclaves, parce que l'intérêt chez l'homme est le grand mobile de ses actions, et qu'il ne peut s'abdiquer comme une machine qui opère mécaniquement pour le profit d'autrui. De là est né le système du pécule qui éveille l'industrie du détenu, et qui, en l'associant aux bénéfices de sa production, l'appelle ainsi à se décerner à lui-même sa propre récompense. Mais que faire de travaux improductifs? Imposer au détenu une occupation stérile, non-seulement pour lui, mais pour tous, et le traiter ainsi pis que l'esclave qui du moins s'occupe pour produire, n'est-ce pas présenter à l'homme le travail sous son aspect le plus rebutant, lui en inspirer de plus en plus l'aversion et fortifier ainsi ces terribles habitudes d'oisiveté qui l'ont plongé dans le crime et qui doivent infailliblement l'y reconduire? Ajoutons que le travail a encore un autre but, c'est d'enseigner, pour l'époque de leur libération, un métier aux détenus qui n'en ont pas ou de les perfectionner dans celui qu'ils ont : or, précisément ce système de travaux improductifs a pour double et funeste résultat de ne leur en apprendre aucun et de leur laisser oublier celui qu'ils savent.

Si nous examinons maintenant la nature du système pénitentiaire en Angleterre, tel qu'il y a été conçu et pratiqué, nous trouvons que le système pénitentiaire proposé par Howard n'était autre que celui qu'il avait vu en action dans la maison de Gand, c'est-à-dire le système cellulaire pendant la nuit, avec classification le jour et travail en commun, et enfin l'emploi du *solitary confinement* comme sanction pénale des infractions de la discipline. Ces principes fondamentaux du plan d'Howard furent ceux qu'accueillit et que professa le parlement dans les débats de 1810, et qui ont été généralement suivis depuis dans les pénitenciers d'Angleterre. C'est même à l'Angleterre, ainsi que le remarque justement le docteur Julius, que l'on doit les premiers essais réguliers du système de classification que les lois de 1823 et 1824 ont même étendu aux prisons de correction des comtés, où en général il a eu de bons résultats.

Toutefois il faut pourtant reconnaître que ce système de classification a quelquefois été poussé dans la pratique jusqu'à l'excès, par l'effet de cette disposition de la loi de 1823, qui, en portant à cinq au moins le nombre nécessaire des classifications pour chaque sexe, laissait ensuite la faculté d'augmenter ce nombre à volonté, et de là dans la pratique les divisions et subdivisions se sont tellement multipliées dans certaines prisons, que véritablement le système de classification a perdu son caractère; ce qui a fait dire avec raison à M. Livingston, le plus grand adversaire de ce système, que l'utilité des classifications se trouvant dans la proportion inverse du nombre d'individus de chaque classe, la perfection de ce système se rencontrait donc au point où il perdait son nom et sa nature dans la séparation complète des individus. C'est ainsi que s'autorisant précisément de ce qui se passe en Angleterre, M. Livingston arrive, en faveur de ses idées à cette conclusion, que chaque condamné doit être séparé de son semblable, et il présente ainsi le système cellulaire comme conséquence logique et comme fin dernière de ce système de classification. C'est déjà ce qui arrive en Angleterre, où dans la dernière session, d'après le septième rapport de la société des prisons, un acte vient d'autoriser l'infliction du *solitary confinement* pendant toute ou partie de la durée de l'emprisonnement. Cet acte du parlement est en opposition directe avec les principes bien reconnus, en 1810, sur l'emploi exclusif du *solitary confinement* comme moyen de maintenir la discipline, d'en prévenir et d'en réprimer les violations.

Du reste, l'emprisonnement solitaire a soulevé entre les publicistes de l'Amérique et de l'Europe même une polémique vive et animée, dans laquelle on nous semble avoir beaucoup exagéré de part et d'autre les bons comme les mauvais effets de ce système. Ce qui a fait aussi, aux partisans de l'emprisonnement solitaire, comme à ses adversaires, également franchir les bornes du vrai, c'est que les uns et les autres n'ont point admis une distinction essentielle entre l'emprisonnement solitaire considéré comme punition disciplinaire et comme châtiment juridique. Dès-lors, le tort des uns a été d'étendre à l'usage disciplinaire de cet emprisonnement les dangers uniquement attachés à son emploi juridique, et celui des autres d'étendre à son emploi juridique l'efficacité exclusivement réservée à son usage disciplinaire. D'un côté, en effet, les défenseurs de l'emprisonnement solitaire le présentent comme un châtiment qui, par son efficacité universelle, résout à lui seul le problème du système pénitentiaire et doit en être la base. D'un autre côté ses adversaires généralisent leurs graves reproches et leurs violentes récriminations. William Roscoe, de Liverpool, un des criminalistes les plus éclairés de l'Angleterre, mais aussi l'un des adversaires les plus décidés de l'emprisonnement solitaire s'exprime ainsi [*] : « Ce mode de châtiment, le plus inhumain que la cruauté d'un tyran ait jamais inventé, est une atteinte portée à la destination de notre nature, une violation directe des premiers principes du christianisme. » Et plus loin il dit, en parlant du condamné ainsi détenu : « qu'il épuisera tous les genres d'infortune, et qu'il terminera ses jours dans une accumulation de souffrances que la nature humaine ne peut sup-

---

[*] Sur la discipline pénitentiaire, Londres, 1827.

porter. » Et M. Roscoe cite à l'appui de son opinion celle du général Lafayette, qui déclare qu'*adopter ce système d'emprisonnement, c'est faire revivre et remettre en vigueur le code inhumain d'un siècle d'ignorance et de barbarie* *. Le langage de la défense et de l'attaque offre de part et d'autre un sens trop général et trop étendu, qui présupposerait à l'emprisonnement solitaire au plus haut degré cette égalité d'influence qui est la vertu qui lui manque précisément le plus.

Sans même interroger les faits que nous avons cités **, et ceux qu'ici nous pourrions ajouter encore ***, il suffit, à ce qu'il nous semble, de jeter les yeux sur la nature humaine et les conditions sociales, pour y apercevoir des différences de caractère et de position qui font nécessairement de la solitude un châtiment très inégal. Et pour s'en tenir

---

* Lettre du général Lafayette, citée dans Roscoe, page 31.

** *Voyez* tome II, page 89.

*** Le volumineux rapport, publié par le comité chargé en 1819, par la chambre des communes, de rechercher la meilleure méthode à employer pour la correction des condamnés, contient des faits de même nature que ceux observés en Amérique. Ainsi, M. Jean Orridge, gouverneur de la prison de correction de Bury, déclare « que l'emprisonnement solitaire produit des effets bien différens. Sur un esprit inactif et paresseux, il est sans efficacité. » Interrogé s'il serait prudent de donner suite pendant long-temps à un système d'emprisonnement solitaire sans occupation, il répondit : « Non, je ne le pense pas, car après un certain laps de

uniquement à ce point de vue sous lequel Roscoe et Lafayette ont envisagé l'emprisonnement solitaire, c'est-à-dire son influence sur l'esprit ou le moral des détenus, toutes ces nuances si tranchées de constitution, d'éducation, d'habitudes, de mœurs, qui modifient si différemment la sensibilité morale, ne laissent pas assurément tous les hommes également accessibles à la honte, aux remords, et à toutes ces souffrances morales qui sont subordonnées à tant d'antécédens d'organisation humaine et de position sociale. Sans doute l'homme doué par la nature de cette sensibilité active qui s'est ensuite développée par toute la puissance de l'éducation, cet homme vivant seul dans sa cellule solitaire avec ses pensées, ses réflexions et ses remords, éprouverait des tortures morales auxquelles la douleur matérielle ne saurait être comparée. Mais, est-ce parmi ces hommes d'une éducation recherchée que se re-

temps, je crois qu'on s'y habitue, et il n'a plus le même effet; mais je crois qu'il en produit un bon pendant sept, quatorze, vingt-un jours. »

S. G. Paul, directeur du pénitencier de Gloucester, émet l'opinion que la solitude, accompagnée d'occupation, était propre à corriger le criminel le plus endurci; mais il ajoutait « que l'effet de la solitude dépendait du caractère du patient, et qu'il pensait que la solitude ne devait pas être prolongée pendant plus d'un mois, sans y joindre quelque occupation d'esprit ou de corps.

Un autre rapport, de juin 1827, contient des faits de même nature.

crute la population des prisons? et faut-il prendre
là son point de départ pour juger de l'influence de
l'emprisonnement solitaire sur la masse des condamnés ? Cette masse est-elle douée d'une sensibilité
bien exquise et d'une conscience bien active? La
population des prisons se compose en général, observent justement les rédacteurs du *Code pénal* de
Pensylvanie, d'hommes dont le sens moral est émoussé
par une longue habitude du vice, à qui il arrive ra-
rement de se retracer les doux souvenirs des relations domestiques et qui regardent une laborieuse
industrie, sous toutes les formes, comme le plus dur
des châtimens. Délivré de toute occupation industrielle, le détenu, si c'est un esprit lourd et apa-
thique, comme il s'en rencontre tant dans ces classes
ignorantes et misérables qui peuplent les prisons,
ne sera guère moralement affecté de cette oisiveté
accompagnée de solitude. On ne peut concevoir,
en effet, combien de circonstances ou de choses les
plus insignifiantes feront naître pour lui des occasions de distraction et d'amusement même. Ajou-
tez-y l'influence de l'habitude, cet agent tout puissant pour le mal comme pour le bien, et vous sen-
tirez qu'un pareil esprit sera bientôt formalisé avec
la monotonie de la solitude.

Si le détenu, au contraire, est un de ces esprits
actifs et entreprenans, qui se rencontrent malheu-

reusement dans la carrière du vice comme dans toutes les autres, son imagination, non préoccupée par quelque travail industriel, s'attachera à combiner quelques plans d'occupation future et de prochaine évasion. « Pendant tout le temps de mon emprisonnement dans le donjon solitaire d'Olmutz, nous dit le général Lafayette *, toutes mes pensés se portaient sur un seul objet, et ma tête était remplie de plans tendant à révolutionner l'Europe. » Et il ajoute, en faisant allusion au système d'emprisonnement solitaire que l'on se proposait de mettre en pratique dans la nouvelle prison près de Philadelphie : « Je crois que le voleur fera de même, et il rentrera dans la société la tête remplie de plans qu'une occasion si favorable lui aura permis d'imaginer. »

Rien n'est donc plus faux que de généraliser l'influence de l'emprisonnement solitaire comme impression morale sur l'esprit des condamnés, et d'en faire ainsi un thème de déclamation pour ou contre ce système. On pourrait cependant admettre un cas exceptionnel peut-être. Il est en effet des impressions qui tiennent moins aux degrés divers de la civilisation qu'aux inspirations communes de la nature, et qui, dès-lors, doivent agir sur tous les hommes avec un certain caractère de généralité. C'est ainsi

---

* Lettre déjà citée.

que les directeurs du pénitencier de la Virginie, à
Richmond, déclarent, dans leur rapport à la législature de décembre 1825, « que, depuis que la faculté
de faire grâce a été enlevée au pouvoir exécutif, il
n'y a pas d'exemple qu'un convict condamné à vie
ait survécu à l'attaque d'une maladie. Cette attaque
a été fatale dans tous les cas. »

C'est que l'espérance n'est point une conquête de
la civilisation, mais un don de la Divinité, que c'est
une condition de notre existence, un besoin de notre
nature, et qu'il n'est ainsi aucun homme, quel qu'il
soit, qui puisse échapper aux tourmens du dé-
sespoir. Eh bien! nous croyons qu'il faut en dire
autant de la souffrance des remords que certains
crimes soulèvent dans l'âme humaine. Si les ac-
quisitions et les habitudes de l'éducation mettent
tant de distance parmi les hommes, et modifient
d'une manière si différente leur sensibilité, du moins
il est des notions précises dans l'intelligence et le
sentiment desquels tous les hommes se rapprochent
et s'accordent de quelque condition sociale qu'ils
soient. Or, il est des crimes qui révoltent tellement
ces notions et ces sentimens de conscience, qu'il
n'est pas d'âme humaine, après le moment de l'effervescence de la passion, qui n'en soit profondé-
ment et cruellement troublée, et qui, dès-lors, ne
soit épouvantée de se trouver dans la solitude en

face de ses réflexions et de ses remords. C'est pour les grands crimes, en effet, que la solitude devient une peine morale, terrible pour tous, et pire pour l'assassin que la mort même. Aussi est-ce pour les grands crimes seulement que les rédacteurs du *Code pénal* de Pensylvanie ont conservé le *solitary confinement* au nombre des châtimens juridiques, avec les intervalles toutefois dans sa durée et les palliatifs nécessaires à son application. Mais en dehors de cette sphère, dans tous les autres cas où l'âme humaine n'a pas été assez ébranlée pour absorber toute l'attention du coupable dans la pensée de son crime et en faire l'idée fixe de sa solitude, il ne faut croire à l'efficacité du *solitary confinement* que dans son emploi purement disciplinaire, ainsi que nous l'a prouvé l'exposé de son histoire et de ses effets dans les pénitenciers des États-Unis.

C'est un témoignage général en effet de la part de tous les hommes compétens sur la matière que cette inégalité des effets de l'emprisonnement solitaire sur le physique et le moral de l'homme, qui ne lui permet pas dès-lors de s'étendre communément au-delà des limites du pouvoir disciplinaire, car il ne pourrait y recevoir de la loi, ni dans son application ni dans sa durée, ce caractère égal de pénalité qui est la première condition du châtiment juridique; il présenterait même les inconvéniens et les dangers les plus graves, ainsi que l'établit l'expérience des États-Unis * ; quoiqu'on ne doive pas non plus dissimuler que c'est souvent par réaction du physique sur le moral que l'emprisonnement solitaire a produit les désastreux effets signalés dans plusieurs pénitenciers américains. On conçoit comment l'affaiblissement du corps soumis à un régime diététique trop rigoureux a pu entraîner celui des facultés intellectuelles, quand on songe que le régime le plus usité aux États-Unis était de mettre au pain et à l'eau les détenus condamnés au *solitary confinement.* **

Toutefois en bornant, sauf l'exception indiquée, le *solitary confinement* à un emploi purement disciplinaire, nous devons reconnaître qu'ici même, bien qu'à un degré incomparable moindre, il pourra faire sentir encore l'inégalité de ses effets. Généralement, dans son emploi purement disciplinaire, il a réussi en Amérique et en Europe. Les rédacteurs du code de Pensylvanie déclarent qu'il suffit pour le maintien de la discipline ; à Genève la discipline n'a pas d'autre sanction pénale, et il en est de même en

* *Voyez* tome II, page 89.

** M. Gabaw, gardien de la prison de New-Jersey, rapporte qu'il a vu des cas où l'emprisonnement au pain et à l'eau, pendant vingt jours seulement, a nécessité la translation du convict à l'hôpital. Qu'on juge d'après cela de l'influence de ce régime diététique prolongé.

Angleterre, dans les pénitenciers de Gloucester, de Maidstone, etc., etc., et dans plusieurs maisons de correction. Pourtant nous avons vu aussi dans quelques pénitenciers d'Amérique, alléguer son insuffisance pour certains caractères, rares, il est vrai, qui semblent ne devoir céder qu'à l'empire de la force physique. Nous avons vu, dans le dernier rapport de 1827, sur Millbank, que les mêmes faits sont reproduits, et c'est ce qui nous a porté à conseiller cette combinaison du *moulin à pied* et du *moulin à bras* avec le *solitary confinement*, comme formant un ensemble de moyens répressifs capable de satisfaire à tous les besoins de la discipline et à toutes les exigences de cette variété de caractères humains. Ce système met à-la-fois au service du pouvoir disciplinaire la force physique et la force morale ; et ainsi le détenu qui résistera à l'empire de l'une cédera à l'influence de l'autre, sans qu'il faille en revenir, comme on l'a demandé en Amérique et en Angleterre, à tous ces châtimens corporels que notre civilisation moderne ne doit pas réhabiliter dans ses codes, après les en avoir si justement bannis pour l'honneur de la dignité humaine.

Malgré la tendance actuelle, en Angleterre, à donner quelque extension à l'emploi du *solitary confinement* et du système cellulaire, c'est toujours le système de classification qui y domine et y dominera.

d.

Nous concevons en effet que dans les maisons de correction et prisons de comté où les détenus ne font qu'un séjour de quelques jours ou de quelques mois, le *solitary confinement*, ainsi borné dans son emploi à une courte durée, ait de l'efficacité, parce qu'il se présente là comme châtiment juridique, tel que nous le concevons dans les pénitenciers comme châtiment disciplinaire ; mais il ne peut recevoir de développement en dehors des maisons de correction, partout où la détention se présentera sur une échelle plus étendue. Aussi à Millbank, qui est le pénitencier d'Angleterre où le système cellulaire a pris le plus d'extension pendant le jour, on a reconnu la nécessité d'en modérer et d'en restreindre davantage l'emploi. La leçon de 1824, cette affreuse mortalité, a été terrible, mais elle n'a pas été perdue, et ce système cellulaire de jour est tellement combiné aujourd'hui, à Millbank, avec le système de classification, qu'il n'est plus qu'un accident dans la durée de la captivité. Il n'en peut être autrement, en Angleterre surtout, car il est impossible qu'un système cellulaire tel même qu'il était combiné primitivement à Millbank avec la classification, devienne un système pratique en aucun pays. On doit pressentir, en effet, les difficultés si bien exposées, ainsi que nous l'avons vu *, par les publicistes américains,

* Tome II, page 149.

de trouver des occupations compatibles avec une détention passée, en partie, au fond d'une cellule. Il n'est pas de contrée où ces difficultés ne se rencontrent et où elles ne demeurent insurmontables, si une pareille discipline s'introduit dans le régime intérieur de toutes les prisons. Mais en Angleterre, comme nous l'avons déjà dit, où la population ouvrière n'est que trop souvent exposée au manque d'ouvrage; en Angleterre, où c'était déjà une question assez difficile et assez ardue que celle de savoir comment trouver un travail quelconque pour le coupable quand l'honnête homme en demande si souvent en vain, par quel aveuglement est-on venu encore compliquer les embarras d'une pareille situation par l'adoption d'un système de travaux qui ne saurait trouver un aliment suffisant, même aux États-Unis, dont la prospérité pour si long-temps encore est dans la progression du mouvement de la population et de la demande des salaires?

Nous ne terminerons pas ce coup-d'œil sur l'histoire du système pénitentiaire en Angleterre, sans rappeler le plus beau résultat peut-être de la réforme, ou du moins le plus étonnant.

Il est des hommes qui ne veulent pas plus croire à l'efficacité du système pénitentiaire qu'à un rêve. Ils oublient que le coupable n'est pas une chose, une mécanique organisée pour le bien ou le mal; mais qu'après, comme avant le crime, c'est toujours un homme, une liberté faisant le bien après le mal comme le mal après le bien, sans qu'on puisse jamais l'enchaîner à l'un ou à l'autre; et qu'ainsi de même que l'on porte d'avance des peines pour les fautes de la population vertueuse, il faut également élever des pénitenciers pour la régénération de la population coupable. La crainte de voir l'une faillir est de même nature que l'espérance de voir l'autre se relever. Pour être conséquens il faudrait donc à ces hommes déchirer les codes pénaux et croire aveuglément à la persévérance de la vertu en même temps qu'à l'incorrigibilité du vice. C'est ainsi que nier le système pénitentiaire, c'est nier la liberté humaine; car pour avoir le droit de dire l'homme incorrigible dans le vice, il faut le faire infaillible dans la vertu. Ah! s'il est chez l'homme dans les délibérations de sa liberté quelque poids qui tende à faire pencher la balance, s'il a une vocation enfin, n'est-ce pas pour ce bien négatif, pour cette abstinence de nuire, vertu légale des sociétés, qui est la première conséquence de cette sociabilité en rapport avec laquelle l'homme a sans doute été fait par celui qui la lui a imposée comme la loi de sa nature et la condition de sa destinée. Peut-être, il est vrai, l'incrédulité de ces hommes dont nous parlons vient-elle de ce qu'ils n'avaient vu jusqu'ici dans le système pénitentiaire

qu'un mot vide de sens, que quelque chose de vague
et d'isolé de ses moyens d'action ; mais maintenant
qu'ils ont pu en suivre dans cet ouvrage tout le
mécanisme et les ressorts, croiront-ils qu'avec un
plan habilement combiné pour la surveillance, l'inspection et la séparation des condamnés, avec une
discipline qui permet toutes les classifications nécessaires des âges et des crimes, et qui introduit encore
par le silence l'isolement au sein de la classification,
avec une combinaison habile de tous les moyens
physiques et moraux propres à agir sur les différens
caractères et à exercer la contrainte nécessaire à l'ordre et la distribution des travaux ; avec une administration fortement et hiérarchiquement organisée
pour le maintien de la discipline et le scrupuleux
accomplissement de toutes les conditions nécessaires
à la régénération des condamnés, on puisse enfin
obtenir que ces êtres sortent des prisons tout autres
qu'ils n'y sont entrés ?

Eh bien ! telle est cependant cette espèce humaine
si décriée ; telle est cette puissance du repentir si
méconnue et qui pourtant devait être comptée aussi
bien que le vice comme un fait dans l'histoire de
l'humanité, qu'en l'absence de tous ces moyens précités, de tous ces ressorts, que sans le concours des
architectes et de toute cette force d'organisation
administrative et disciplinaire, nous avons vu à la

voix d'une femme, de madame Fry, s'opérer l'incroyable métamorphose de Newgate, c'est-à-dire, le spectacle de l'ordre, de l'industrie, de la soumission, de l'obéissance et de la régénération, succéder tout-à-coup à tout ce que le vice, la corruption, la débauche pouvaient offrir de plus hideux et de plus repoussant. Déjà nous avions cité des exemples de même nature aux États-Unis, tels que celui de M. Pittsbury, dans le pénitencier du New-Hampshire, celui de madame Rachael Perijot, à Baltimore; mais il faut l'avouer, il sont surpassés par celui de madame Fry. Rien de plus décisif que ce qui s'est passé à Newgate. Certes, après le récit de ces choses telles que nous les avons fidèlement retracées d'après les documens les plus incontestables, nous ne saurions plus soupçonner de convictions rebelles, ni croire désormais à la résurrection de tous ces argumens surannés qui ne sauraient se produire en face de pareils faits.

Ici se termine notre tableau résumé du système pénitentiaire en Angleterre, et bien peu de choses nous restent à dire sur l'Écosse et sur l'Irlande.

§ IV. Irlande.

Avant l'érection du pénitencier de Millbank, le système pénitentiaire avait déjà reçu en Irlande quelques applications partielles, et ces essais furent

mentionnés, ainsi que nous l'avons vu dans les débats
de 1810, comme d'heureux antécédens qui ne furent
pas sans influence sur les décisions du parlement.
Mais depuis cette époque, nous ne connaissons d'autre pénitencier en Irlande que celui de Richmond.
Cet établissement paraissait, d'après le rapport des
inspecteurs de 1826, offrir à cette époque des résultats satisfaisans; mais, au reste, les inspecteurs signa-
lent avec justesse les trois obstacles principaux à
l'efficacité et au développement du système pénitentiaire; d'abord la nécessité d'un mode à suivre
dans le choix des prisonniers destinés aux pénitenciers; car, comme ils l'observent, une discipline faite
pour les adultes ne convient plus à des détenus
d'une extrême jeunesse ou à des hommes sous le
poids de l'âge et des infirmités.

Nous avons parlé du danger selon nous de concentrer une trop grande population dans un pénitencier; mais nous reconnaissons dans le pénitencier
de Richmond le défaut opposé à celui de Millbank,
et nous partageons entièrement l'avis des inspecteurs
sur l'utilité de donner au pénitencier de Richmond,
qui ne compte que 220 prisonniers, une extension
qui en élève au moins le nombre à 400. En opérant
en effet sur une échelle trop restreinte, le système
pénitentiaire devient onéreux, et c'est ce que prouve
le gouverneur de ce pénitencier dans son plan pro-

posé au gouvernement, où il établit qu'en portant la population du pénitencier à 400, les frais diminueraient par tête de prisonnier pour l'entretien et l'éducation environ de 5 à 6 pour 100. Le motif en est bien simple, c'est que l'augmentation des officiers ne serait pas en raison de celle des prisonniers.

Enfin les inspecteurs sentent avec raison que le pénitencier n'est point une institution isolée, et qu'il est inutile de travailler à réformer les condamnés pendant la durée de leur détention, si on les abandonne à eux-mêmes, sans conseils, sans assistance, sans ressources à l'époque de leur libération.

Mais des obstacles d'une bien autre nature se sont opposés et s'opposeront pour long-temps encore au développement du système pénitentiaire en Irlande, car des réformes de ce genre ne prospèrent pas au milieu du choc des factions et du déchirement des partis. Il leur faut des jours de calme et de paix, et Dieu sait quand ils luiront sur la malheureuse Irlande !

§ V. Ecosse.

Nous n'avons trouvé en Ecosse aucun établissement qui portât le titre de pénitencier, et l'absence du mot n'est point une chose indifférente. Nous

avons vu en effet, en Angleterre, que les prisons
dites pénitentiaires étaient destinées, avec les pontons, aux condamnés, soit à la peine capitale, soit à
la déportation, dont la peine avait été commuée,
tandis que les maisons de correction sont affectées
aux simples félons, aux vagabonds et aux délinquans. Le système pénitentiaire s'adresse ainsi à des
condamnés qui ont une assez longue détention à
subir pour lui laisser le temps d'exercer son action
régénératrice. Mais pourtant il occupe une place
si bornée, et chaque jour si rétrécie par les envahis-
semens de l'établissement des pontons, qu'il tend
de plus en plus à s'étendre du côté des maisons
de correction, à l'égard desquelles pourtant la
courte durée des détentions le rend si peu applicable.

Mais en Ecosse, où il n'est pas même admis
sous son nom, et où il n'a pas un seul établissement qui lui soit propre, on conçoit facilement
quelle extension ses principes ont dû prendre dans
les *bridwells*, ou maisons de correction, dans lesquels
il s'est trouvé confiné : aussi avons-nous vu le
bridwell d'Édimbourg tout-à-fait organisé d'après
les principes du système pénitentiaire. Dans celui
de Glascow, nous avons même presque rencontré
le système cellulaire de M. Livingston en action.
Au lieu du système de classification généralement

adopté en Angleterre, c'est une séparation absolue
de jour et de nuit ; c'est l'emprisonnement solitaire
avec ou sans permission de travailler; c'est une
instruction séparée pour chaque détenu, et le dimanche, même absence que dans M. Livingston
de l'office divin et de prière en commun. L'instruction religieuse est individuelle comme l'instruction
morale et littéraire, cette dernière consistant dans
la lecture et l'écriture.

Mais de tout cela on ne saurait tirer aucun argument pratique en faveur du plan de M. Livingston,
quand on vient à jeter les yeux sur le minimum et
le maximum de la durée des détentions qui va de
deux jours à deux ans, et dont le moyen terme est
de quarante jours. On conçoit que, pour de si cour-
tes détentions de quelques jours ou quelques mois,
on ait facilement préféré le système *cellulaire*, parce
qu'en effet le seul but auquel il soit permis d'aspirer
en si peu de temps, c'est de produire l'*intimidation*,
comme on dit dans la langue du système, et non la
régénération.

On ne saurait donc chercher dans ces *bridwells*
un essai large et sérieux du système pénitentiaire,
tant qu'ils ne pourront recevoir que des délinquans
et des vagabonds. Il faudrait que la loi y envoyât
des criminels condamnés à un plus long emprisonnement. Nous disons la loi, car nous nous rappe-

lons ici cet abus introduit par la jurisprudence des tribunaux de police, qui n'est pas un des moindres obstacles au succès du système pénitentiaire en Ecosse.*

§ VI. Suisse.

La Suisse est un pays qui n'est pas moins curieux à visiter pour le philosophe et le publiciste que pour le naturaliste et le peintre. Et en effet ce caractère de variété et d'originalité tout à-la-fois que l'artiste remarque dans ses sites, le publiciste les retrouve dans ses mœurs et dans ses lois. On n'a guère apprécié jusqu'ici que la physionomie pittoresque de la Suisse, et on n'a pas assez étudié la physionomie morale et politique de cette population de moins de deux millions, qui, répartie en 22 petits cantons, dont chacun a sa constitution, ses mœurs et ses lois, reproduit pour ainsi dire la plus vaste échelle de la civilisation européenne, depuis son plus bas jusqu'à son plus haut degré, et présente par cette variété de constitu-

---

* Les tribunaux de police ne peuvent condamner à plus de soixante jours. Cependant, pour les offenses qui demandent une bien autre répression, on s'adresse à eux, afin d'éviter les frais d'un ressort plus élevé, et il arrive que de grands coupables échappent ainsi à la détention que mérite leur crime, en n'étant détenus dans les *bridwells* que pour quelques jours.

tions à l'œil observateur du publiciste, le spectacle
curieux de toutes les formes politiques de la sociabilité humaine. S'il n'y a pas en effet de roi en Suisse,
le mot n'y fait rien, l'élément monarchique s'y retrouve aussi bien que l'élément aristocratique et démocratique. L'artiste doit attendre sans doute les
jours d'été pour y aller contempler la beauté de ces
lacs et de ces chaînes de montagnes dont les neiges et
les frimats ne lui dérobent plus les majestueux dé-
chiremens et les superbes contours; mais le publiciste, c'est en avril, c'est à cette époque où, à l'approche
de la diète, chaque constitution cantonale se meut,
où toute la vie morale et politique de la Suisse est en
action, qu'il faut venir observer et étudier ce singulier pays, et les combinaisons de ces trois élémens
monarchique, aristocratique et démocratique qui
font de la Suisse actuelle le tableau résumé,
pour ainsi dire, de l'histoire politique et sociale de
l'humanité.

Ces réflexions étaient nécessaires pour révéler le
tort trop général que l'on a toutes les fois que l'on
parle de la réforme des prisons en Suisse ou de toute
autre réforme, de citer ce pays fédératif comme
s'il s'agissait d'un de nos états monarchiques où l'u-
nité est partout à-la-fois dans le gouvernement,
dans les mœurs, dans les lois, et qui présentent
ainsi toutes les conditions de la vie commune et

tous les élémens d'une civilisation homogène. Ce qui caractérise au contraire la Suisse, ce sont tous ces accidens de civilisation, aussi fréquens et aussi saillans que ceux de son sol; car, à côté des Alpes, s'élèvent des siècles qui séparent le canton de Genève du canton d'Uri. Tandis que l'emprisonnement nous apparaît à Genève et à Lausanne au plus haut degré de perfectionnement qu'il ait atteint, dans le canton d'Uri nous le retrouvons avec le caractère qui appartient à son origine la plus reculée : là, par principe d'économie, maison d'arrêt seulement pour les prévenus, point de détention pour les condamnés ; on n'y connaît que les châtimens corporels, les amendes, les peines infamantes, le bannissement et la mort *. Et pour combler cet immense intervalle de civilisation entre les cantons de Genève et d'Uri, nous pourrions remarquer dans les prisons des autres cantons les degrés intermédiaires qui unissent ces deux extrêmes, et renouer ainsi aux yeux de l'Europe étonnée la chaîne vivante de ces temps qu'elle ne va étudier que dans l'histoire, comme si elle n'en portait plus

---

* Dans les *Rhodes extérieures d'Appenzel*, il n'y a également de détention que pour les prévenus, excepté à Trogen, le chef-lieu. Mais là même, la détention est rare et n'excède jamais un mois : souvent elle n'est que d'une heure; avoir subi cette détention horaire, dit M. Monnard, s'appelle dans le langage railleur du peuple d'Appenzel, *avoir mis la robe de bois*.

la trace. Voilà ce qui jette autant de variété, d'originalité et de poésie dans la physionomie politique de
la Suisse que dans sa topographie même.

Ce n'est pas pourtant qu'il n'y ait en Suisse un
mouvement d'amélioration dans le régime des prisons: l'exemple de Lausanne et de Genève n'est pas
resté sans influence ni sans imitateurs. A Schaffouse
et ailleurs les anciennes prisons, s'améliorent; à Zurich, à Fribourg et à Bâle des constructions de prisons pénitentiaires sont projétées; à Neuchâtel et à
Berne elles s'achèvent avec activité. Mais c'est seulement, il faut l'avouer, dans la partie riche et éclairée
de la Suisse, que se manifeste cette heureuse tendance
vers l'adoption du système pénitentiaire. Dans la partie pauvre, le système du canton d'Uri et des Rhodes
extérieurs d'Appenzel, est cité comme le plus économique pour se débarrasser des malfaiteurs, dont la société ne doit pas supporter les frais de régénération.
C'est l'opinion professée par M. Muralt de Zurich,
dans la session de 1827 de la société Suisse d'utilité
publique : il déclara ne voir dans le système pénitentiaire, qu'un « symptôme de la sensibilité maladive
« de notre époque, qu'une mode passagère comme
« toutes les modes, mais que cette crise philanthro-
« pique une fois finie, la *société reviendrait à se*
« *débarrasser plus économiquement des malfai-*
« *teurs à l'aide de l'échafaud et du bourreau.* »

En combattant avec une chaleureuse éloquence
une pareille opinion, M. de Gonzenbach, président du tribunal de district de Saint-Gal, avoua
qu'elle n'était pourtant que trop générale dans les
conseils des cantons les moins riches où elle avait
même fait faire des pas rétrogrades, tandis que
d'autres cantons de la Suisse entraient largement
dans les voies de la réforme. Il règne même, ajoute-
t-il, parmi les autorités et le peuple de ces petits
cantons, une indifférence cruelle et barbare pour le
sort des détenus.

Cependant, à examiner les choses de plus près,
on trouve que les obstacles qui s'opposent à l'adoption universelle du système pénitentiaire en Suisse
proviennent surtout de causes locales *. Ici comme
sur beaucoup d'autres points la Suisse subit les vices
de sa trop grande subdivision cantonale, qui, en
décimant pour ainsi dire sa population en groupes
trop faibles et trop inégaux, ôte tout ressort, toute
force d'action à la puissance d'association, resserrée
et éparpillée à-la-fois dans une sphère aussi étroite

---

* *Voyez* la relation de la session de 1827 de la société suisse d'u-
tilité publique, par M. Monnard, sur la question suivante : *Quel
est l'état actuel des institutions pénales en Suisse et comment pourrait-on
les améliorer ?* L'assemblée, éclairée par les onze Mémoires qu'elle
avait reçus sur cette question et par les lumières de sa discussion,
s'est formellement prononcée pour le système pénitentiaire.

d'activité. Le seul remède à ce mal est dans la réunion de plusieurs de ces petits cantons pour élever en commun des établissemens pénitentiaires. Et c'est précisément le vœu que nous trouvons exprimé dans un Mémoire du canton d'Uri, adressé à la société d'utilité Suisse, et qui a provoqué dans son sein d'importantes discussions sur la manière dont pourraient se fonder des *maisons centrales* d'emprisonnemens pénitentiaires pour plusieurs cantons à-la-fois, et des *écoles normales* pour les employés de ces établissemens, parce qu'on a regardé avec raison que c'étaient des instituteurs qui avaient besoin d'être formés pour l'éducation des détenus, aussi bien que pour l'éducation ordinaire de l'enfance.

Ce serait une chose bien desirable en Suisse que cette réunion de plusieurs cantons pour l'application du système pénitentiaire. *

Il est pourtant un canton de la Suisse qui, dans

---

* Ce n'est pas seulement dans l'intérêt de ce système en général, mais dans celui même des cantons qui l'ont déjà adopté. Quand on vient en effet à examiner la population de leurs pénitenciers, on trouve qu'une notable partie se compose d'étrangers au canton. Or, il est assez pénible pour Genève et pour Lausanne de supporter ainsi les frais de régénération d'individus étrangers au canton sans pouvoir compter sur la réciprocité ni même souvent sur l'utilité de ces sacrifices. A l'époque en effet de leur libération, on ne peut exercer sur ces étrangers cette utile surveillance qui est le complément nécessaire de la discipline réformatrice, et s'ils viennent une seconde fois à faillir, bientôt la corruption de la prison qui les re-

l'accomplissement de cette réforme, n'avait pas besoin de concours étranger.

En adoptant le système pénitentiaire , le canton de Berne avait en effet une immense supériorité de position même sur les cantons de Lausanne et Genève. Ces deux cantons, en effet, qui n'avaient à soumettre au système pénitentiaire qu'un nombre de détenus qui est communément de 48 à 50 à Genève, de 80 à 95 à Lausanne, ne pouvaient opérer sur une échelle assez large pour élever un pénitencier dans des proportions telles qu'il pût servir de modèle à l'Europe. C'est à Berne que cet honneur était réservé. Sa population *, son étendue réclamaient du canton de Berne un pénitencier pour un

çoit a effacé de leurs esprits et de leurs cœurs toute l'influence morale de leur détention primitive. Quant aux pays limitrophes de la Suisse, je conseillerais au canton de Genève, à l'égard de la France, par exemple , d'obtenir un contrat *d'extradition*, sauf en matière *politique* , et d'en user largement jusqu'à ce que le régime des prisons en France ne se soit amélioré. Ainsi, à l'époque où j'ai visité le pénitencier de Genève, il s'y trouvait un jeune homme échappé des prisons de France et qui s'était fait condamner à Genève pour un nouveau délit. Le système pénitentiaire avait exercé la plus heureuse influence sur ce jeune homme. Tout le monde était satisfait de sa conduite, et l'on était tout disposé à lui faire remise du tiers de sa peine. Mais ce malheureux ne voyait dans sa libération que l'emprisonnement en France , et tous les hommes éclairés de Genève gémissaient à l'idée qu'une prison de France allait défaire ce qu'avait fait le pénitencier de Genève.

* D'après le tableau que l'on trouve dans le *Manuel de droit pu-*

c.

nombre de 400 détenus. C'est précisément le taux
le plus favorable au système pénitentiaire : un nombre inférieur de détenus surcharge la dépense **, un
nombre par trop supérieur nuit à la réforme ***. Eh
bien, chose étrange, dans ces avantages de position
qui favorisaient si puissamment l'adoption du système pénitentiaire à Berne, on n'a vu que des inconvéniens au contraire qui gênaient et devaient en
restreindre l'application. On a reculé à l'idée d'élever un pénitencier pour 400 détenus, en présentant
précisément cette supériorité de population comme
un obstacle qui rendrait, disait-on, trop coûteux
à Berne ce qu'on avait pu faire dans de petits cantons tels que Lausanne et Genève. C'est pour cette
raison que la nouvelle prison qui s'achève à Berne
n'est consacrée que pour *un quart* au système
pénitentiaire. Les détenus de la troisième classe
de la section criminelle, et ceux de la deuxième
classe de la section correctionnelle, c'est-à-dire, les
condamnés à moins de quatre ans, y seront seuls
soumis. Ce n'est que pour ces deux sections que l'on

---

blie de M. Usteri, conseiller d'état à Zurich, la population servant
de base à l'échelle fédérale pour la fixation des contingens natio-
naux, est à l'égard du canton de Berne de 320,000 habitans.

** *Voyez* Irlande, prison de Richmond, tome ıı, page 329; *voyez*
prison de Genève, page 434.

*** *Voy.* Angleterre, pénitencier de Millbank, page 287, tome ıı.

a construit en conséquence des cellules du nuit. Dans toutes les autres classes on a maintenu ce système si vicieux des dortoirs ou chambres de nuit, dont les abus ont été si unanimement reconnus et constatés en Amérique *, et on n'a rien fait pour la régénération. Il y a plus même, on n'a voulu rien faire: aussi c'est quelque chose véritablement de singulier et de bizarre que ce système de classification dans la prison de Berne, fondé non point comme ailleurs sur les moyens de préparer et de faciliter la réforme, mais uniquement sur la nécessité de déterminer dans l'échelle de la culpabilité humaine le degré précis où expire le dernier espoir d'amendement de l'homme et où commence son absolue incorrigibilité, afin de simplifier l'œuvre du système pénitentiaire, qui n'a rien à faire dans le second cas et qui doit ainsi se borner au premier.

Les législateurs appelés à rédiger les codes pénaux, ont fait, comme nous l'avons déjà dit ailleurs *, abstraction des agens, ou plutôt ils les ont matérialisés dans les actes. Prenant les actes seuls, puisque les agens ne posaient pas devant eux, ils se sont dit : tel acte présuppose tant de perversité, tel autre tant, alors tant d'années de réclusion pour celui-ci, tant pour celui-là, et ils sont allés ainsi jusqu'à ce qu'ils fussent arrivés à une présomption de perver-

---

* Foy. 2ᵉ volume du *Sytème pénitentiaire*, page 34.

* *Système pénal*, page 275.

sité telle, relativement à certains actes, qu'elle leur
semblât exclure toute espérance d'amendement. C'est
alors qu'ils ont prononcé mort ou détention à perpétuité. Le législateur n'a ainsi agi que par voie de
présomption. Il n'importe : à Berne on l'a pris au
mot, sans examen, sans contrôle. On l'a cru non-
seulement sur parole, mais bien au-delà, car fran-
chissant l'immense intervalle qui sépare dans l'échelle
pénale une réclusion de huit années de l'emprisonnement perpétuel et de l'échafaud, c'est à partir des
condamnations à huit ans d'emprisonnement que
l'on a commencé à Berne à désespérer désormais de
l'humanité. Heureusement que les pénitenciers de
Lausanne et de Genève sont là tout près pour témoi-
gner qu'on peut sans crainte accorder à son repentir
quelques degrés de plus de confiance.

Ce n'est, comme on le voit, qu'à Genève et à Lausanne qu'il faut véritablement chercher en Suisse le
système pénitentiaire. Ce n'est que là qu'il a reçu une
application réelle et sérieuse, et nous l'y retrouvons
tel qu'il nous avait apparu à son berceau dans la
maison de Gand en 1772; tel qu'il s'est reproduit
ensuite à l'époque de sa restauration aux États-Unis,
à *Auburn*, à Singsing, etc., etc. Ainsi d'accord
avec l'Amérique, l'Europe n'admet ni le système
d'emprisonnement solitaire sans travail, ni le système d'emprisonnement solitaire avec travail,

mais le système cellulaire pendant la nuit avec classification le jour et travail en commun. Telle est l'unité systématique qui caractérise aujourd'hui le régime pénitentiaire dans les deux mondes. Il n'y a plus après cela que les différences dans les moyens d'application, et elles sont nombreuses. Le plan de Genève, par exemple, diffère totalement du plan de Lausanne; le plan de Lausanne du plan de Berne, le plan de Berne du plan d'Auburn, etc., etc. C'est pourtant un point capital sur lequel l'accord serait bien desirable, car c'est la disposition du plan qui fait en grande partie les garanties de la sûreté, les facilités de la surveillance, les degrés de la classification, et c'est le taux de ses frais d'exécution qui détermine ou entrave le plus souvent l'adoption du système pénitentiaire. C'est sous ce dernier rapport qu'il est à regretter peut-être que le plan d'*Auburn* n'ait pas encore trouvé quelques imitations en Europe, car il paraît beaucoup plus propre que ceux de Genève et de Lausanne à faciliter la propagation du système pénitentiaire.

Quant à la sûreté, bien que le pénitencier de Genève partage avec celui d'Auburn cet immense avantage de ne pas avoir encore offert jusqu'ici un seul exemple d'évasion, on ne peut disconvenir que la grande différence de population de ces deux pénitenciers ne rende, à l'égard d'Auburn, le résultat bien plus décisif et plus imposant.

Mais, à l'égard de l'efficacité régénératrice de la discipline intérieure, quand on suit à Lausanne cette progression d'abord lente et maintenant accélérée vers le bien, prouvée par chiffres * en moins de punition et plus de travail; quand on trouve, en comparant les deux systèmes d'emprisonnement, 16 sur 100 ou 1 sur 6, pour moyenne des récidives **, sous l'empire de l'ancien pendant les 21 ans, de 1805 à 1826, et que cette moyenne n'est plus que 1 sur 14, sous l'empire du nouveau ***; quand on voit le pénitencier de Genève présenter, au bout de 3 ans, une réduction des 5/6 sur les punitions pour désordres intérieurs ****, une augmentation progressive du produit du travail *****, une diminution des récidives ****** comparativement à l'ancien régime des prisons, de 17 et demi pour 100 à 10 un tiers, certes on peut hardiment se prévaloir de la haute influence morale d'une pareille réforme, qui, sous le rapport du nombre des récidives, nous a encore offert pourtant à Auburn un résultat plus remarquable encore, la moyenne n'étant que de 1 sur 32. Mais nonobstant

* *Voyez* tome II, pages 377-378-380.

** Cette proportion est pourtant plus faible que celle des prisons des autres pays de l'Europe régis par l'ancien régime d'emprisonnement, car les détenus en récidive y vont au quart, au tiers et jusqu'aux deux cinquièmes.

*** *Voy*. tome II, p. 373-380.   **** Tome II, p. 431.
***** *Voy*. tome II, p. 431-434.   ****** Tome II, p. 432.

ce chiffre, les pénitenciers de Genève et de Lausanne ont, sous beaucoup de rapports, dans le régime intérieur de leur discipline, la supériorité sur Auburn; et, d'abord, on y a justement proscrit l'emploi des châtimens corporels, et résolu ce problème, insoluble pour M. Livingston, du travail en commun sans l'intervention des châtimens corporels pour le maintien de la discipline. Et ce n'est pas de prisonniers de choix, ou de prisonniers nouveaux qu'on a ainsi obtenu cette observation de la règle, mais des détenus transférés des anciennes prisons dans les pénitenciers, qu'il était si difficile de faire brusquement passer d'habitudes d'oisiveté, de libre communication, de corruption, de licence de langage et de mœurs, à un régime d'ordre, de régularité, d'inspection, de travail et de silence. Aussi a-t-on vu à cette occasion, en Suisse, ce qui s'était déjà remarqué à la première introduction du système pénitentiaire en Pensylvanie *, c'est la répugnance et l'effroi qu'inspirent à ces êtres dépravés cette action continue d'une vie régulière, uniforme et silencieuse, à laquelle ils préfèrent cent fois les meurtrissures passagères du fouet ou du bâton. Cependant ce qu'on a pu faire à Genève et à Lausanne, à raison du petit nombre des détenus, il serait périlleux peut-être de

---

* *Voyez* la relation du duc de Larochefoucauld-Liancourt.

le tenter ailleurs, en mettant trop brusquement le système pénitentiaire aux prises avec le crime, non pas tel que l'ont fait les égaremens de la nature humaine, mais tel que l'ont longuement préparé, endurci, enseigné, perfectionné, toutes ces prisons, toutes ces écoles de corruption, où il croît et prospère, pour ainsi dire, en serre chaude. Telle est en effet l'inconséquence de ces hommes qui répondent par des ajournemens à l'adoption du système pénitentiaire, c'est qu'en attendant la corruption tient école; elle est en chaire, elle prêche, endoctrine, multiplie ses adeptes; et quand ces hommes s'avisent enfin, un beau jour, en face des progrès du mal, d'écouter, d'appeler le remède à leur secours, on les voit imputer à la perversité de la nature humaine ce qui n'est imputable qu'à leur incurie.

Un autre point de vue encore sous lequel les pénitenciers de Lausanne et de Genève ont la supériorité sur les pénitenciers américains, c'est sous le rapport de l'administration et de la comptabilité, surtout de cette comptabilité morale ouverte à chaque condamné, qui le prend et le suit dans tous les momens de sa détention, et qui en résume si exactement tous les faits, tous les accidens, toutes les circonstances, toute la durée. Cette espèce d'arithmétique morale, si heureusement imaginée, réfute victorieusement ce reproche adressé au système pénitentiaire, de venir échouer devant l'hypocrisie; puisque, ainsi que nous l'avons dit, elle permet de suivre de jour en jour, de mois en mois, les progrès comptés de la régénération. Chose remarquable, on n'y rencontre pas cette transition brusque du mal au bien qui pourrait être justement imputée à l'hypocrisie, car la régénération ne franchit pas sitôt cet intervalle. Ce qu'on y observe, au contraire, c'est cette progression lente d'une volonté qui avance et s'affermit peu-à-peu dans le bien. Ces lenteurs indiquent le travail de la lutte et excluent l'idée de l'hypocrisie, qui est plus brusque, parce qu'elle n'a qu'à dissimuler le vice et non à le dépouiller.

L'institution du pécule, qui n'existe pas à Auburn, donne encore, selon nous, un nouvel avantage aux pénitenciers de Lausanne et de Genève. Tel qu'il est établi à Genève, il a même une utilité de plus qu'à Lausanne, car la partie disponible laissée au prisonnier, en l'habituant à établir une sage balance dans ses dépenses, lui donne ces idées de prévoyance et d'économie si nécessaires à l'œuvre de la régénération. Mais pourtant le pécule n'a pas reçu, ni à Genève encore ni à Lausanne, son plus heureux emploi. Nous avons même signalé cette conséquence fâcheuse qui résulte de l'absence de gradation dans le taux des salaires et dans la distribution des travaux,

c'est que le criminel condamné à la plus longue détention est celui qui sort avec le plus gros pécule, et
ainsi il s'établit de cette sorte une compensation dans
sa situation, qui le console de quelques années de détention de plus, lorsqu'elles ont été pour lui pro-
ductives d'un intérêt plus élevé. Le pécule contrarie
ainsi le but de la loi et l'objet de la discipline réformatrice. Cet inconvénient n'existe pas à Auburn,
où, à l'époque de leur libération, les détenus reçoivent 3 dollars, sans égard à ce qu'ils ont gagné;
mais c'est un remède pire que le mal même qu'il y
a d'ailleurs, comme nous l'avons montré, un moyen
bien simple de corriger.

Ensuite il est bien des perfectionnemens à obtenir, des lacunes même à réparer et des inconvéniens
à éviter dans le régime intérieur des pénitenciers
de Lausanne et de Genève. On y a beaucoup fait
pour l'isolement des condamnés, par le système des
cellules de nuit et la rigoureuse observation du silence pendant le jour; mais la classification, son importance, son but, sa combinaison avec ce système
d'isolement, voilà ce qu'on a trop négligé. C'est là,
avec l'absence de gradation qui en est la conséquence,
le vice capital qui se produit dans tout le régime intérieur de ces deux établissemens. Entrez dans ces
pénitenciers, et vous y chercherez en vain, dans le
mode d'exécution des condamnations pénales, cette

échelle de détention disciplinaire qui corresponde à la gradation établie par la loi dans leur infliction et dans leur durée. Nourriture, travaux, salaires, pécule, instruction, récompenses, peines, tout cela est établi dans les divers quartiers des détenus, sur le pied d'une égalité parfaite, et à la différence près de quelques murs qui les y séparent, et de quelques mois ou années de détention de plus qui les y retiennent, on dirait des maisons d'arrêt peuplées d'individus détenus pour le même fait en attendant jugement, plutôt que des pénitenciers où l'on compte autant de sentences diverses qui se subissent, et de fautes qui s'expient, que d'individus renfermés.

Cette monotonie d'existence pénale s'étend jusqu'aux récidives qu'aucune échelle de répression ne vient soumettre selon l'aggravation de la rechute à un degré de plus de sévérité, et à un redoublement d'énergie dans l'action du système pénitentiaire pour combattre et dompter la ténacité des mauvais penchans. Nos critiques s'adressent à ces deux pénitenciers, parce que quelques jours de pain sec et de geôle auxquels sont soumis les détenus en récidive à Lausanne, après quoi ils reviennent à la vie commune, ne sauraient constituer ce régime rigoureux dont l'efficacité ne dépend pas de quelques accidens de sévérité, mais d'un changement et d'un renouvellement entier dans l'existence pénale.

Cette absence de gradation dans l'existence pénale est un vice pourtant qu'à notre époque il est assez facile de corriger sans l'intervention des fers qui, à Lausanne, dégradent et humilient ceux qu'il faut rappeler au contraire d'abord à leur propre estime pour les préparer à recouvrer celle des autres, et sans l'emploi de ces cages à la prussienne, barbaries inutiles, empruntées à des époques où elles s'expliquaient peut-être par la rigueur des temps, mais que tout flétrit et repousse au milieu de la douceur et de la modération des nôtres. Dans ces siècles, en effet, du moyen âge, où la condition humaine était si dure, où non-seulement l'homme était abruti par l'esclavage dans son existence morale, mais où, couchant sur la dure et luttant contre la faim, il était même exposé dans son existence physique à toutes les rigueurs des saisons, à toutes les privations des besoins de sa nature, on conçoit qu'au sein d'un pareil ordre social, quand il fallait, au nom de la pénalité, le réduire à une situation pire que la sienne, les fers, les cages et toutes ces inventions du moyen âge étaient des moyens que la nécessité justifiait à défaut de l'humanité. Mais aujourd'hui qu'un si grand bien-être matériel est répandu sur toutes les classes de la société, aujourd'hui que la satisfaction des premiers besoins de la vie est garantie à tous, sinon par la fortune, du moins par le travail, et que ce n'est

guère que pour des besoins fictifs développés par la
civilisation que les classes industrielles sont exposées accidentellement à la privation par la baisse
des salaires ; aujourd'hui, enfin, que la civilisation
protège et développe l'existence morale de l'homme
en même temps qu'elle adoucit et améliore ainsi son
existence matérielle ; aujourd'hui qu'il est des droits
pour tous et que la liberté est le plus précieux, certes,
il y a, ce me semble, dans une pareille condition
humaine, assez de prise pour la justice répressive,
qui trouve au-delà du strict nécessaire l'homme
assez pourvu de jouissances et assez vulnérable dans
ses besoins d'habitude plutôt encore que de nature,
pour ne plus recourir désormais aux tourmens d'une
cage et aux meurtrissures des coups et des fers. Aussi
avons-nous démontré combien il était facile de combiner le régime essentiel de nourriture, la nature
et la distribution des travaux, le taux des salaires,
l'emploi du pécule, etc., etc., de manière à introduire dans les pénitenciers de Lausanne et de Genève
cette gradation si nécessaire dont nous ne saurions
trop signaler et condamner l'omission. Les philanthropes ont eu parfaitement raison, en retrouvant
dans les cachots de nos prisons les dernières traces
des temps barbares de la féodalité, de réclamer avec
énergie qu'elles disparussent de notre sol, et que l'on
fît participer les prisonniers à ce grand mouvement

d'amélioration apporté par la civilisation dans la
condition humaine. Mais toutefois il est des bornes
à cette réforme que la philanthropie a quelquefois
peut-être imprudemment méconnues, en oubliant
que la somme de bien-être matériel à introduire dans
les prisons ne doit pas en général excéder celle répan-
due dans la société. Là est la ligne de démarcation
qui doit autant que possible séparer la population
coupable de la population vertueuse; c'est ce qui fait,
autre erreur de la philanthropie, qu'il n'y a pas de
règle absolue sous ce rapport pour le régime intérieur des prisons, et que l'on doit se borner à dire
au législateur : jetez les regards sur votre pays, sur
la condition des classes inférieures; comparez le sort
de la population vertueuse à celui de la population
coupable, et déterminez d'après ce point de départ
la somme de bien-être matériel permise à l'une d'a-
près celle départie à l'autre.

Un autre vice encore fondamental dans les pénitenciers de Lausanne et de Genève, c'est d'y admettre
des détentions de trois mois. Le but du système pénitentiaire, comme l'a si bien démontré M. Livingston, est de donner et créer des habitudes d'ordre,
de travail, de moralité; en un mot, son efficacité
est ainsi dans l'action du temps, de la durée. Il ne
faut donc pas lui demander d'improviser en trois
mois des réformes de condamnés. C'est ce qui faisait

dire à un savant professeur allemand * : « Le système
pénitentiaire ne peut avoir en vue que la régénération du détenu : cependant le voleur, habitué dès son
enfance à de petits vols, peut avoir le moral beaucoup plus dépravé, et il peut être moins susceptible
d'un repentir sincère que le condamné pour homicide.
En conséquence il faudrait ou retenir le voleur plus
long-temps dans l'établissement que le condamné
pour homicide, ou employer à l'égard de tous les
criminels un seul et même traitement ». La réponse
au dilemme du savant professeur est bien simple,
car il confond ce qu'on a également confondu à
Genève et à Lausanne, deux choses tout-à-fait différentes, la *régénération* et l'*intimidation*. Or ce n'est
pas par les mêmes moyens que le système pénitentiaire poursuit deux buts si distincts. Pour les détentions au-dessous d'un an, on est généralement
d'accord que c'est à l'*intimidation* qu'il doit viser
exclusivement, et c'est précisément le vice des pénitenciers de Lausanne et de Genève d'appliquer
l'action régénératrice du système pénitentiaire à des
détentions qui demandent un autre ordre de discipline
et de régime. Nous ne nous sommes pas borné à

---

* *Des écrits récens de droit criminel,* et notamment du *Système
pénal et du Système répressif en général,* par Ch. Lucas, article
de M. Mittermayer, extrait du *Neues archiv. des criminal Bechts :*
vol. x, cah. 2.

f

critiquer le mal, nous avons amplement indiqué le remède dans le chapitre consacré au pénitencier de Genève, et c'est à ce chapitre que nous renvoyons M. Mittermayer ainsi qu'aux *bridwells* d'Ecosse pour se convaincre qu'il est facile d'échapper aux embarras du dilemme qu'il nous a posé. *

Nous savons du reste qu'aujourd'hui son talent est pour ainsi dire acquis à la cause de l'abolition de la peine de mort : il a compris que tel devait être le but du système pénitentiaire, sa conséquence inévitable, qui malheureusement ne semble pas avoir été assez nettement entrevue ou du moins assez franchement préparée dans les pénitenciers de Lausanne et de Genève. On n'y a rien fait dans l'attente de cette grande réforme, qui pourtant doit justement être enviée par ces deux pays comme la plus noble récompense de leurs sacrifices et le plus beau résultat

---

* Je dois dire, du reste, que postérieurement à cet article précité, et, tout récemment même, M. Mittermayer m'écrivait à la date du 14 janvier : « Je suis tout-à-fait de votre avis sur le système pénitentiaire, et mon séjour à Genève, même celui à Toulon, a fortifié l'intime conviction que le système des prisons qui a pour but la régénération morale des condamnés doit être la base de la législation criminelle. J'ai retrouvé à Toulon les mêmes sentimens que vous avez exprimés dans vos articles sur votre voyage à Brest insérés dans la *Gazette des tribunaux* ». M. Mittermayer termine même cette lettre en me déclarant qu'il est très disposé à reconnaître au système pénitentiaire la mission d'abolir la peine de mort.

de leurs efforts. Qu'on en soit bien convaincu; en effet, l'abolition de cette horrible peine n'est pas seulement une question de morale, de religion, de philosophie, c'est un résultat nécessaire, et j'allais presque dire une fatalité dans la marche de la civilisation. Prétendre en effet à l'éternité de sa durée, ce serait lutter contre le destin. Le temps, qui détruit tout, doit, quoi qu'on fasse, la renverser un jour et rester seul armé de la faux qui tranche nos jours. Mais au-dessous de cette fatalité qui pèse sur l'histoire de l'humanité, l'empire de la liberté apparaît du moins pour hâter le cours de ces réformes que, sans l'active intervention de l'homme, le temps n'amène à sa suite qu'avec tant de lenteur. *

Dans ce coup-d'œil jeté sur les pénitenciers de Lausanne et Genève, si des critiques se mêlent à nos louanges, sans doute elles seront accueillies comme elles doivent l'être par deux pays qui, loin d'avoir cru à la perfection de leurs œuvres, ont dès l'abord reconnu et déterminé d'avance une époque de révision. Arrivant précisément à l'expiration de ce terme fixé par leur sagesse, nous avons cru devoir, en témoignage de la bienveillante hospitalité que nous y avons reçue et en preuve de tout l'intérêt d'observation que

---

* Au moins à Berne il y a sept cellules fortes pour les condamnés à perpétuité et un régime particulier, en sorte que tout y serait prêt pour l'abolition de la peine de mort.

f.

nous avons apporté à l'examen de leurs pénitenciers,
rechercher partout à côté du bien le mieux possible,
et le leur indiquer, quand nous avons pensé avoir été
assez heureux que de l'avoir trouvé. Cette dette de
reconnaissance et d'estime envers ces deux pays était
d'ailleurs une obligation que nous avions presque
contractée envers le nôtre. Du jour en effet où nous
avons cité aux chambres législatives de la France
les pénitenciers de Genève et de Lausanne comme
des argumens significatifs dont le système pénitentiaire devait se prévaloir, nous avons pour ainsi dire
accepté une solidarité qui nous lie au succès de ces
établissemens. C'est donc un tribut presque obligé
de nos faibles lumières que nous soumettons res-
pectueusement aux conseils de ces deux républiques,
convaincu à tout évènement que si nos idées sont
mauvaises, du moins elles pourront en faire naître
de bonnes, et qu'ainsi nous aurons en tout cas atteint
notre but qui n'est pas de courir après des succès
d'amour-propre, mais après des résultats profitables
à l'humanité. Cela est si vrai, qu'après cette longue
et patiente étude du système pénitentiaire en Europe
et aux États-Unis, conduit nécessairement par l'observation des faits à la révélation de bien des inno-
vations dans la théorie du système pénitentiaire,
pour l'exposition desquelles la révision des lois de
Genève et de Lausanne était une occasion si favora-

ble, si séduisante même peut-être, nous nous sommes imposé la loi du silence : prenant les idées des autres et non les nôtres pour point de départ, la mission à laquelle nous sommes resté fidèle a été de chercher et d'indiquer toutes les améliorations possibles à ce qui était fait, et de nous abstenir de tout conseil qui tendît à bouleverser ou à défaire. C'est à ce titre que nous attendons, du moins de nos lecteurs, ce témoignage que nous n'avons péché, ni par manque de déférence pour les lumières d'autrui, ni par excès de présomption dans les nôtres.

Ici se termine notre coup-d'œil analytique et raisonné sur le système pénitentiaire en Europe et aux États-Unis. Un dernier mot cependant sur un résultat qui a dû frapper, c'est que, dans tous les pays que nous avons parcourus, la part des détenus des deux sexes au bienfait du système pénitentiaire n'a guère été ni égale ni simultanée. Nous avons commencé par remarquer ce fait en Amérique; nous avons pu le retrouver plus frappant encore dans les Pays-Bas; en Angleterre, il y a moins d'inégalité peut-être; mais en Suisse, ce n'est qu'à Lausanne que nous trouvons les détenus des deux sexes soumis à l'action réformatrice du système pénitentiaire. A Berne, il n'y a pas pour elles de cellules de nuit; à Genève, elles ne font pas partie de la population du pénitencier. Pourquoi ce fait, pourquoi cette marche de la réforme qui partout s'est adressée à un sexe avant l'autre ? Rien de plus facile à concevoir et à expliquer pour quiconque a un peu étudié par rapport à l'un et à l'autre sexe les tableaux statistiques de la criminalité en différens pays. Le grand nombre et l'exactitude de nos recherches nous permettent de déclarer avec une rigueur presque mathématique que, dans ce triste inventaire des délits et des crimes, les trois quarts nous sont imputables à nous autres hommes. Est-il étonnant après cela que la réforme s'adresse d'abord là où le besoin s'en fait le plus sentir ? Et ainsi l'histoire du système pénitentiaire reproduit la marche commune à toutes les réformes qui ont successivement amélioré la condition de l'homme ? Ce n'est pas du premier coup qu'il lui a été donné d'atteindre cette existence sociale qu'il tient aujourd'hui du bienfait de la civilisation, et tous les anneaux de cette longue chaîne qui rattache son présent à son passé ne nous révèlent pas des travaux nés de ses loisirs et de ses prédilections, mais toujours et successivement de ses nécessités de position et de ses besoins de nature. Il y a de la logique dans l'histoire de l'humanité, tout s'y lie, tout s'y tient, et les peuples, pour le soutien et le développement de leur existence, n'agissent pas et ne doivent pas agir autrement que les individus : ils commencent, comme on dit, par le plus pressé.

Il faut donc louer les réformateurs qui n'ont pu étendre simultanément aux condamnés des deux sexes l'œuvre de la régénération pénitentiaire, d'avoir sagement donné la préférence aux besoins les plus impérieux et aux intérêts les plus pressans de l'humanité.

§ VII. MOUVEMENT DE LA CIVILISATION. — AVENIR DE LA RÉFORME.

Tel est le résumé historique du système pénitentiaire dans les états qui l'ont adopté en Amérique et en Europe. Cette réforme ne peut que s'étendre et grandir désormais, car elle marche avec la civilisation dont elle est une conséquence logique et un résultat inévitable. Au sein de l'Union américaine, presque tous les états jusqu'ici retardataires suivent plus ou moins le mouvement, les uns par une adoption directe de ce système pénitentiaire, les autres par une révision de leur législation criminelle, prélude nécessaire à l'introduction de ce nouveau régime disciplinaire dans l'organisation intérieure de leurs prisons. Le Mexique lui-même avait inscrit le système pénitentiaire au nombre de ses réformes, que malheureusement l'effervescence des passions politiques et le déchirement des partis ajournent pour longtemps. Le Brésil semble au contraire de jour en jour en faciliter l'adoption et en hâter l'époque par les travaux d'amélioration de sa législation intérieure.

Sur notre continent en 1814, la France parut vouloir reprendre elle-même le cours de cette réforme que par les secousses de sa révolution et les conquêtes de ses armées elle avait suspendue en Europe avec toutes ces autres réformes de législation et de bien public vers lesquelles le mouvement de la civilisation européenne fut si générale et si rapide dans les dernières années qui précédèrent 89.

C'était un beau rôle pour la France que cette glorieuse initiative qui la montrait au jour du revers quittant sans humiliation pour elle les sentiers battus de la victoire, pour se placer à la tête de la civilisation européenne dans cette nouvelle ère que promettaient aux peuples la fin de la guerre et la fécondité de la paix.

Mais cette ordonnance du 9 septembre 1814 [*] où s'annonçait et s'inscrivait le système pénitentiaire au nombre des promesses de la restauration, le 20 mars la fit oublier, et on ne s'en est souvenu en France que pour rédiger, en 1825, le programme d'une prison-modèle où, après s'être enfin décidé à un essai du système pénitentiaire, méconnaissant la

[*] *Voyez* tome 1ᵉʳ, pages LXXI-LXXXVI.

sagesse et les exemples précités des autres pays, c'est au sexe qui le réclamait le moins, à celui dont la perversité était la moins dangereuse, la moins fréquente et par conséquent la correction la moins utile à la société, que nous avons adressé ou plutôt jeté nos millions, car il y a autant de prodigalité * dans l'exécution de ce plan que d'inconséquence dans sa conception primitive. Puissent du moins les fautes de ce malencontreux essai ne pas décréditer en France le système pénitentiaire que cette prison nouvelle devait y populariser et y répandre, si au lieu de ne voir dans un pareil établissement qu'une occasion pour l'architecture d'embellir la capitale d'un beau monument de plus, on eût senti au contraire qu'il s'agissait d'une réforme d'utilité publique dont il fallait doter la France, et que pour atteindre ce noble but, l'économie, qui devait rendre partout l'imitation possible et facile même, était la première condition du succès. Heureusement dans cet ouvrage nous avons mis tout le monde à même d'apprécier non-seulement les injustes attaques des ennemis du système pénitentiaire, mais encore le zèle indiscret de ses amis, et la France ne prendra pas plus le devis du pénitencier de la Roquette, que l'Angleterre celui

---

* *Voyez* tome 1er, Pétition aux Chambres pages xciv-xvi. Le devis de cette prison, qui était borné par le programme à 1,500,000, s'élève déjà à 5,000,000 environ.

de Millbank *, pour base d'évaluation des frais d'introduction du système pénitentiaire dans le régime intérieur de ses prisons.

Grâces à cet exposé fidèle de l'histoire du système pénitentiaire qui permet de tout apprécier et de tout rectifier, l'adoption de cette réforme ne saurait donc être désormais pour long-temps ajournée en France, car elle est le vœu de tous les hommes éclairés du pays, de ses deux Chambres ** et de son gouvernement même, témoin ce vœu formel pour son application dans le rapport au roi sur l'administration de la justice criminelle en France en 1828; témoin ce récent rapport du ministre de l'intérieur à la séance de la société royale des prisons du 29 janvier 1830 ***, où il en appelle aux moyens de régénération morale des condamnés comme à une nécessité d'urgence au milieu de la démoralisation de nos prisons; témoin l'attention particulière que le ministère de la justice a apportée à l'exécution de l'ordonnance du 6 février 1818, relative à la distribution des *grâces* de la fête du roi

* Le pénitencier de Millbank s'est également élevé à une dépense disproportionnée et justement critiquée en Angleterre. *Voy.* tome II, pages 292 et suivantes.

** *Voyez* dans le *Moniteur* du 11 avril 1829, discussion sur la pétition imprimée du premier volume et renvoyée par la Chambre aux trois ministres de la justice, de l'intérieur et de l'instruction publique.

*** *Voyez* le *Moniteur* du 28 février 1830.

et aux premières améliorations qu'il a introduites dans son application *; témoin ces ordonnances ** du roi pour la réorganisation des bagnes et la classification nouvelle des détenus, ordonnances dont nous avons contesté sans doute la sagesse et l'utilité, mais sans jamais méconnaître les honorables intentions qui les dictèrent. Enfin si l'on rapproche ces faits du cri général qui s'élève dans le pays pour la révision du Code pénal et des pétitions que de toutes parts les jurés adressent aux Chambres sur cet important sujet, on se convaincra qu'une fois sortie de cette crise politique qui l'agite et la préoccupe exclusivement en ce moment, la France reprendra le rang qui lui appartient dans la marche de la civilisation européenne.

Toutefois il est un écueil que nous devons ici signaler à l'administration en France dans cette voie réformatrice où elle est prête à s'engager. La régénération des jeunes malfaiteurs est un point distinct dans le grand œuvre de la réforme des prisons. Elle doit ainsi se concevoir et se produire distinctement dans tous les pays que cette réforme préoccupe, parce que ici les moyens d'application et d'efficacité ne sont plus essentiellement les mêmes que ceux qui appartiennent à l'action du système péni-

---

* *Voyez* le *Moniteur* du
** *Voyez* le *Moniteur* du 21 novembre 1828.

tentiaire en général. C'est ainsi que l'a parfaitement
senti et développé M. Livingston, dans sa théorie où
sous le nom d'*École de réforme* il sépare de la maison
pénitentiaire l'établissement destiné aux jeunes délin-
quans*. C'est ainsi que, dans la pratique, nous trouvons pour ces jeunes malfaiteurs des établissemens distincts à New-York et à Philadelphie, établissemens
sur l'organisation desquels nous avons à dessein donné
de nombreux détails ** pour en faciliter l'adoption en
Europe, car on ne paraît pas y avoir suffisamment
senti cette action distincte de la discipline réformatrice qui, au lieu de rendre absolue pour tous les âges
l'application du système pénitentiaire, en modifie
au contraire les principes et les moyens d'exécution.
C'est le vice d'organisation que nous avons signalé
à Lausanne, à Genève ***, et dans lequel on semble
prêt à se jeter en France, si nous en croyons les
récentes révélations du ministre de l'intérieur dans
son rapport précité à la Société royale des prisons,
où il nous a appris que les condamnés au-dessous
de 16 ans attiraient la sollicitude particulière de l'administration, et que l'établissement d'une maison-
modèle et centrale pour ces enfans dont le nombre
ne s'élevait pas à plus de 800, était dans ce moment
l'objet des études de l'administration. Outre les

* Tome 1er, page 112.   ** Tome 11, page 204.
*** Tome 11, pages 403-414.

difficultés que présenterait la création d'un semblable établissement si éloigné de la plupart des départemens de France, outre les inconvéniens déjà signalés * de concentrer cette population au lieu de la répartir dans plusieurs établissemens, nous craignons de voir l'administration attacher à l'exécution de cette prison-modèle l'idée d'un essai du système pénitentiaire en France, tandis qu'il s'agit moins, à l'égard de ces jeunes condamnés, de maisons et de système pénitentiaire, que d'*Écoles de réforme*, parce que, comme l'a fort bien dit le ministre lui-même dans ce rapport, *ces enfans ont été remis au gouvernement moins pour être punis que pour recevoir une éducation qui les détourne du crime.* Que le gouvernement reste donc fidèle à ces principes et qu'il fasse de l'adoption du système pénitentiaire une question distincte de l'établissement d'écoles de réforme pour les jeunes délinquans.

Maintenant, si de la France nous jetons nos regards sur les autres états de l'Europe qui, en l'absence de pénitenciers, n'ont pu entrer dans le cadre de notre ouvrage, à l'exception du Portugal, de l'Espagne et de quelques états d'Italie où le despotisme monarchique ou monacal se sert des prisons comme moyen de gouvernement, et où par conséquent les vues généreuses

* Tome ii, pages 284-303.

de la philanthropie ne peuvent s'allier aux calculs de la tyrannie et à toutes ses exigences de cruauté et de terreur, partout ailleurs au milieu du mouvement général de la réforme des prisons en Europe on peut voir une tendance bien marquée vers l'introduction du système pénitentiaire. Dans toutes les parties de l'Allemagne s'éveille une activité philanthropique pour l'amélioration des prisons. A la tête de ce mouvement apparaît la Prusse qui semble elle-même avoir donné l'impulsion. Les publications du docteur Julius nous ont fait connaître le grand développement de l'esprit d'association en Prusse pour la réforme des prisons. Parmi ces associations, on peut citer notamment celle formée récemment sous la protection du roi de Prusse qui a approuvé ses statuts *, le 10 septembre 1828 et qui a pour but 1° de seconder l'autorité dans la recherche et la suppression de tous les obstacles qui, soit dans l'organisation, soit dans l'administration des prisons, s'opposent à l'amélioration morale des détenus, comme hommes et comme citoyens; 2° de coopérer d'une manière active et immédiate à cette amélioration; 3° enfin de veiller à entretenir dans leurs bonnes dispositions les condamnés qui, au sortir de prison, pourraient faci-

---

* On peut voir les statuts dans Julius *Jahrbücher der strashund Besserungs-Anstalten*, 1ʳᵉ livraison, pages 5-29.

lement être entraînés par le dénûment à commettre
de nouveaux crimes.

Pour remplir la première de ces obligations, la
société déclare qu'elle cherchera à se procurer une
collection de renseignemens exacts sur l'état des prisons: pour satisfaire à la seconde, qu'elle interrogera
l'état moral des détenus, les motifs qui out pu les
porter au crime; qu'elle veillera à leur séparation
en diverses classes et qu'elle cherchera à préparer
leur amélioration par les lumières de la religion et
les enseignemens de la morale, l'amour du travail
et l'influence d'une bonne instruction élémentaire.
Pour arriver au troisième résultat, la société cherchera à faciliter aux détenus dont le temps est
expiré les moyens d'une existence honnête, à les
placer dans une situation qui réponde à leurs dispositions morales et physiques, et en même temps à
exercer sur eux une surveillance assidue.

Cette grande association, dont le plan est si large
et le but si honorable, est en pleine activité, et elle
est devenue le point central d'un vaste système d'association qui s'étend sur toute la Prusse. En effet, outre ses quatre comités chargés, le premier de l'éducation religieuse et morale, le second de l'emploi des
détenus, le troisième de la surveillance au sortir de la
prison, le quatrième de l'administration des finances,
elle a un comité dirigeant qui organise, dans tous les

lieux où se trouvent des prisons des sociétés locales qui agissent sous ses auspices. Une société du même genre existe depuis 1826 dans la Prusse rhénane. *

Sous le rapport de l'amélioration des jeunes criminels, la Prusse encore a devancé les autres états. Un rescrit ministériel du 2 octobre 1826 ** ordonne aux chefs de prisons de consacrer à ces jeunes malfaiteurs une attention particulière, de donner tous les trois mois des renseignemens exacts sur leur conduite, de veiller à leur séparation d'avec les détenus d'un âge plus avancé et de s'occuper activement de leur amélioration morale. Le ministère croit qu'il faut chercher les causes principales de l'augmentation de ces jeunes mal-

---

* J'ai sous les yeux, m'écrit le savant M. Mittermayer, auquel je dois la plupart de ces détails, le plan qu'elle a publié pour l'amélioration des détenus. Le but vers lequel les efforts se dirigent est le même que celui de la Société royale des prisons. La même pièce me fournit les renseignemens suivans : les prisons de la Prusse rhénane renferment 6,220 détenus, sur une population de 1,000,000 d'habitans. L'ignorance qui règne parmi cette classe d'hommes, sous le rapport des connaissances élémentaires, est vraiment déplorable. Sur 220 détenus que contient la maison d'arrêt de Düsseldorf, 90 ne savent pas lire, 120 ne savent pas écrire. A Wesel, sur 140 condamnés, le nombre des premiers est de 60, celui des seconds de 85. A Cologne, sur 290 détenus, ces deux nombres sont respectivement de 130 et 200. A Frankweiler, sur 516 détenus, 81 seulement savaient lire à leur entrée dans la prison. On peut juger par là de ce qui reste encore à faire.

** On le trouve dans *hitzig, Zeitschrft*, fin du *cruninalrechstpflege*, 13° livraison, pages 150-168

faiteurs 1° dans le malheureux hasard d'une naissance illégitime qui soustrait de bonne heure les enfans à la surveillance de leurs parens et les prive du bienfait de l'éducation domestique; 2° dans les mauvais exemples qu'ils reçoivent souvent de leurs parens; 3° dans la négligence de l'instruction primaire et religieuse; 4° dans leur vie vagabonde; 5° dans leur emploi précoce en qualité de domestiques et surtout de bergers, et leur assujétissement aux travaux de fabrique; 6° enfin dans leur entraînement à des habitudes secrètes et immorales.

Le ministre signale à l'attention de l'autorité les moyens les plus efficaces selon lui pour aller au-devant des causes du crime. *

Nous n'avons pas craint d'entrer dans tous ces détails sur l'esprit d'association en Prusse pour l'amélioration des prisons, parce que ce récit sera d'un bon exemple pour ces sociétés royales des prisons que l'on retrouve dans d'autres pays de l'Europe, avec les mêmes intentions sans doute pour le bien, mais non avec la même activité, la même puissance

---

* Le docteur Julius, dans son excellent ouvrage, donne une notice sur le nombre des détenus dans toutes les prisons du royaume de Prusse. Il se montait à 5,683 en 1826 et à 5,930 en 1821. Il y avait en 1821, dans toutes les forteresses du royaume réunies, 2,775 détenus, dont 205 condamnés aux arrêts simples, 722 aux travaux de la forteresse, et 1,848 détenus pour délits militaires.

d'organisation pour l'obtenir. Aussi la société royale marche à des résultats positifs et féconds. L'impulsion qu'elle a donnée à la réforme change partout l'aspect et le régime des prisons. Déjà elle introduit, notamment dans la prison de Naugardt, en Poméranie *, le principe d'une séparation rigoureuse entre les classes de condamnés que les différences d'âge et de perversité ne permettent pas de confondre, et un régime de travaux intérieurs combiné dans l'intérêt de la régénération des détenus et de l'amélioration de la condition des libérés.

Ce bel exemple de la Prusse n'est point resté en Allemagne sans imitateurs. A l'instar de la société royale de Prusse, une association s'est formée le 16 février 1829 dans le grand-duché de Saxe-Weimar, pour l'amélioration morale des détenus qui ont achevé le temps de leur peine. Conformément aux statuts de la société, tout détenu, à l'époque de sa libération, doit être présenté au comité dirigeant qui désigne pour veiller sur lui ceux des membres de la société dont le domicile est le plus rapproché

* L'instruction ministérielle relative à cet établissement veut qu'on regarde comme symptômes de l'amélioration morale 1° un travail soutenu; 2° la séparation volontaire d'avec les autres détenus; 3° l'entretien volontaire de la propreté; 4° la disparition successive des habitudes impudiques; 5° l'assiduité à l'accomplissement des devoirs religieux. Des instructions particulières adressées aux personnes chargées de la surveillance tracent leurs devoirs.

du lieu où il va résider. La société travaille à procurer à ces détenus libérés du travail et un moyen honorable de gagner leur pain, à détruire l'aversion qu'ils inspirent communément, et dans le cas où l'on ne pourrait pas leur procurer à l'instant le travail nécessaire, à leur assurer provisoirement la subsistance et le vêtement. Surtout elle s'efforce d'obtenir les renseignemens les plus exacts sur chaque détenu, afin de s'éclairer sur la conduite qu'elle a à tenir à son égard.

La Bavière n'est pas non plus stationnaire au milieu de ce mouvement de la réforme des prisons en Allemagne. Nous ne parlerons pas de la maison de correction établie à Munich et du système de son organisation que le baron Weveld, directeur de cet établissement, a développé lui-même dans un ouvrage *, système qui n'est autre que celui suivi dans les Pays-Bas, et que nous avons si vivement critiqué, comme ne voyant dans l'organisation d'une prison que le régime et le but productif d'une manufacture. Mais nous citerons la prison de *Plassenburg* **, dans l'organisation de laquelle *Sturlmüller*,

---

* *Freimütthge Gedanken über Verminderung der Criminalverbrechen. München*, 1810.

** Le *Code bavarois* de 1813 contient les dispositions suivantes sur la gradation des peines qui emportent la perte de la liberté. La peine des fers est réservée à ceux qui sont condamnés aux trason directeur primitif, est parti du principe que le but des établissemens de ce genre était *le châtiment du coupable et son amélioration morale,* et qui dans les moyens pour l'atteindre a indiqué 1° une surveillance non interrompue sur toutes les actions des détenus; 2° un silence absolu; 3° une sévérité inflexible pour toutes les infractions de la discipline. Ce régime de silence absolu a produit, d'après le rapport du directeur, les plus heureux résultats. Du

vaux forcés à perpétuité; elle entraîne leur mort civile, et l'état peut les occuper à toute espèce de travaux publics. La réclusion dans une maison de correction ne peut être infligée pour moins de huit ans ni pour plus de vingt; cette peine n'entraîne pas la mort civile, et le condamné ne peut être employé à d'autres travaux qu'à ceux qui se font dans le lieu où est établie la prison. Celui qui est condamné pour un temps indéfini peut obtenir sa grâce au bout de seize ans, si pendant l'espace de dix années il a donné des preuves non équivoques d'une amélioration dans ses dispositions morales. La peine de la détention dans une maison de travail ne peut être infligée pour moins d'un an ni pour plus de huit : le détenu ne peut être employé au travail que dans l'intérieur de la prison. La peine de l'emprisonnement simple est réservée aux délits proprement dits. Elle ne peut être infligée pour plus de deux ans. Le *Code bavarois,* dit M. Mittermayer, contient une particularité qui, même en Allemagne, n'a pas trouvé beaucoup d'approbateurs : il permet au juge de substituer, *en considération de circonstances particulières,* la détention dans une forteresse à la peine des fers et à la détention dans une maison de correction ou de travail. Dans la pratique on a interprété cette disposition au profit des accusés d'un rang élevé, d'une éducation cultivée et d'une fortune considérable.

reste, un témoignage positif en faveur de cet établissement est dans les résultats d'une expérience
de cinq années, qui, sur 1,700 condamnés qui y
sont entrés et en sont sortis pendant cet intervalle,
n'offre que 148 * rentrées, dont 21 pour une seconde récidive.

Cependant cet établissement n'est point exempt
de reproches. D'abord l'emploi ordinaire des détenus, qui consiste dans les travaux d'une fabrique de
draps établie dans la prison, est l'objet d'une juste
critique en Allemagne où les partisans de la réforme
des prisons condamnent généralement ces travaux
de fabrique comme contraires au but de l'emprisonnement, qui doit enseigner au détenu un métier
dont l'exercice facile à l'époque de la libération assure sa subsistance. Un autre reproche plus grave
adressé à cette prison, c'est le rétablissement des
châtimens corporels dont la suppression avait été
primitivement prononcée. « On allègue, dit M. Mittermayer, que les exhortations, la solitude, les
châtimens déshonorans n'avaient pas fait impression
sur les détenus, gens grossiers et farouches. De telles
expériences auront peine à convaincre les amis de
la régénération morale des détenus, car il est diffi-

* C'est le onzième environ de la population totale, ou à-peu-près
9 pour 100. Ce résultat est bien au-dessous de celui obtenu à Auburn, qui est comme 1 à 3?.

cile de croire que le détenu sur lequel les exhortations et l'emprisonnement solitaire n'ont eu aucune
influence sera plutôt corrigé par les coups de bâton.
Si des moyens plus généreux restent sans efficacité
la faute en est souvent aux surveillans qui n'ont pas
su les appliquer avec l'apropos et la constance con-
venables. »

La Bavière rhénane, régie encore par le code pénal français, possède une prison remarquable, la
prison de *Kaiserslautern*. Les détenus y sont par-
tagés en trois divisions : 1° condamnés à l'emprisonnement correctionnel; 2° à la réclusion; 3° aux
travaux forcés à temps ou à perpétuité. Outre cette
classification parmi les condamnations, il en est une
parmi les âges. Les détenus âgés de moins de seize
ans sont séparés de tous les autres détenus. Les travaux y sont ainsi répartis : les hommes sont employés
à moudre au moyen du *tread-mill*, à scier, à tailler
la pierre, à polir du bois du Brésil, à tisser des nattes
et des chapeaux de paille, aux métiers de tisserand,
menuisier, cordonnier, tailleur. Les femmes s'occu-
pent à filer, à faire des sabots, à tisser, à coudre. Le
système du pécule * a été introduit dans cet établissement; il se compose du tiers du produit des travaux : les deux autres tiers sont, l'un au profit de

* Excepté parmi les condamnés à perpétuité, qui, comme tels,
n'ont pas de fonds de réserve.

l'établissement, l'autre à la discrétion des condamnés, mais seulement dans les deux divisions des correctionnels et des réclusionnaires; on a ainsi fait de la privation de cette quotité disponible une aggravation dans le caractère de la détention pour les condamnés aux travaux forcés.

Ainsi placé sous la direction d'un inspecteur agissant de concert avec une commission de surveillance *, cet établissement est assurément un des plus remarquables de l'Allemagne; mais il est à regretter qu'on ne s'y soit pas occupé davantage des moyens de régénération morale qui paraissent se borner jusqu'ici à la lecture de la prière le matin et le soir, et au service divin le dimanche. C'est encore plutôt le régime d'une manufacture que celui d'une maison de correction et de repentir. Aussi c'est bien ainsi que l'a jugé M. B°. Guillaumin, dans la relation qu'il nous donne de sa visite à Kaiserslautern **. «Tout s'y passe, dit-il, avec ordre, calme, décence : la propreté des salles, des meubles et des prisonniers, le silence absolu qui règne dans les ateliers, l'activité des métiers, la gravité des surveillans qui semblent plutôt veiller sur les prisonniers

* Composée de *landcommissar* (fonction qui répond à celle de sous-préfet en France), du procureur du roi et du juge d'instruction.

** *Gazette des tribunaux* du 12 janvier 1830.

que contre eux, etc., etc. *On croit être enfin dans une manufacture bien ordonnée dont le maître exigeant, mais actif, n'accorde rien au plaisir, et sacrifie tout au travail et à la production, excepté la santé et le bien-être.* »

Ce coup-d'œil rapide jeté sur le mouvement de la réforme des prisons dans plusieurs états d'Allemagne prouve que tout y est préparé, tout y est mûr pour l'adoption du système pénitentiaire dont les principes ont déjà même reçu plusieurs applications partielles. Mais ce mouvement de réforme, bien que général, on peut le dire, à toute l'Allemagne, est loin d'y être simultané. Il est plusieurs états retardataires qui n'entrent que plus lentement et plus timidement dans cette voie d'amélioration. Telle est l'Autriche, par exemple, où les châtimens corporels sont encore trop généralement le moyen de discipline intérieure. Cependant on commence sérieusement à y inspirer aux détenus l'habitude du travail, de l'ordre et de la propreté. Il y a, pour l'instruction élémentaire, une école du dimanche ; on s'occupe également d'y organiser l'éducation religieuse. Les instructions adressées à ce sujet aux ecclésiastiques, dit M. de Mittermayer, sont pleines de sagesse et sont déjà suivies d'heureux résultats.

Il est un autre genre de prisons dites *politiques* qui semblent inséparables de l'existence des gouvernemens

absolus, parce que au moins, pour l'honneur de l'humanité, on ne parvient nulle part en violant ses droits
à étouffer ses réclamations, et qu'ainsi il faut toujours
à la tyrannie le cortège obligé des chaînes et des cachots
pour étouffer ces voix généreuses qui partout protes-
tent contre elle. Voilà dans l'histoire de l'humanité
quels seraient ses titres contre la prescription de
ses droits, s'ils ne tenaient de leur nature même ce
caractère imprescriptible. Ces prisons politiques sont
nombreuses en Autriche comme en Portugal, en
Espagne, en Italie; mais le caractère bon et humain
de l'empereur a introduit de nombreuses améliorations dans ces prisons, dont le régime intérieur
est tel, dit M. Witt, « que la détention ne paraissant
plus à l'autorité une condition malheureuse, les
plus légers indices lui suffisent quelquefois pour
priver de leur liberté des hommes auxquels on ne
peut reprocher aucune action blâmable ». Cette
observation est très remarquable et peindrait à elle
seule la nature du gouvernement autrichien dont
le despotisme, au lieu de heurter, de blesser, ab-
dique au contraire tout caractère violent, soigneux
à éviter tout ce qui peut remuer les âmes, tout ce

---

* Joannes Witt, Genannt von Döring. Fragmente aus meinene Leben
und meiner Zeit. 2ᵉ édition. « Le traitement des prisonniers, dit-il,
et particulièrement de ceux prévenus du crime de haute trahison,
est réglé par l'empereur lui-même. »

qui peut en faire sortir de la colère , de la haine et
de l'enthousiasme : despotisme habile et profond ,
d'autant plus actif qu'il dissimule mieux son action
et qu'il sait pallier sans cesse ce qu'elle a d'humi-
liant, de flétrissant pour le caractère moral de
l'homme, par les ménagemens pour toutes les exigences et toutes les satisfactions de bien-être matériel compatibles avec ses moyens de gouvernement. Mais il est toujours malheureusement (ou
plutôt heureusement pour l'humanité qui à ce titre
ne peut jamais sympathiser avec le despotisme) un
arsenal de peines cruelles et dégradantes que le
gouvernement autrichien, comme tous les gouvernemens absolus du monde, ne peuvent répudier. Sans
parler ici du fouet, du bâton , nous signalerons une
peine généralement appliquée aux crimes les plus
graves, nous voulons parler de la peine à la prison
très dure dont plusieurs publicistes n'ont voulu voir
qu'une servile imitation dans le *solitary confinement,*
et ont reproché en conséquence avec amertume au
système pénitentiaire d'avoir emprunté cet odieux
châtiment aux barbares inventions du despotisme.
Pour faire justice de cet étrange confusion, il suffit
de citer l'article 14 même du code pénal autrichien
qui définit l'emprisonnement *très dur*, et de rap-
procher cette définition de l'exposé que nous avons
tracé de l'emprisonnement solitaire en Europe et

aux États-Unis dans le second volume de cet ouvrage * et dans cette Conclusion même. « Cette
peine de la prison *très dure* consiste, dit le code autrichien, à renfermer le condamné dans une prison
sans aucune communication, avec autant de lu-
mière et d'espace qu'il en faut pour entretenir la
santé du prisonnier, qui doit être constamment
chargé aux mains et aux pieds de fers pesans, et
avoir autour du corps un cercle de fer fixé par une
chaîne excepté le temps du travail; il aura pour
toute nourriture du pain et de l'eau, et de deux jours
l'un un mets chaud, qui ne pourra cependant être
jamais de la viande; quelques planches toutes nues
formeront son lit, et toute conversation lui est
défendue ». Certes, loin de nous porter défenseurs
d'une pareille peine et partisans de son imitation,
nous sommes si révoltés de tout ce raffinement de
barbarie, qu'en vérité si c'était un pareil supplice
qu'on proposât de substituer à la peine de mort,
nous demanderions par humanité le maintien de la
guillotine qui nous semblerait un moyen plus ex-
péditif d'arriver au même résultat; car avec une
pareille peine, c'est donner la mort en quelques
années, au lieu de quelques secondes.

Nous ne quitterons pas l'Allemagne sans parler

* Page 89.

des états de Parme et de Plaisance où l'archidu-
chesse Marie-Louise va importer le système pénitentiaire , dont elle a admiré les heureux effets pendant son récent séjour à Genève. Cette réforme sera
facilitée à certains égards par celle déjà opérée dans
la législation criminelle de cet état qui jouit maintenant d'un code pénal remarquable par l'élimination
des peines du carcan, de la marque et de la confiscation
générale, mais dans l'ensemble duquel on regrette de
retrouver ensuite un calque trop fidèle du code pénal
français, avec quelques additions et aggravations
mêmes dictées par l'influence différente des temps et
des lieux.

Enfin si, pour terminer ce coup-d'œil rapide
sur le mouvement de la société européenne dans la
réforme des prisons, nous jetons nos regards sur
le nord, nous y trouvons la Suède tellement avancée
dans cette voie réformatrice que la diète s'y occupe
de l'organisation du système pénitentiaire. La Russie
même, là où sa civilisation moins arriérée lui permet
de songer à quelques améliorations , montre son
desir d'adopter toutes celles compatibles avec sa situation présente. Ainsi, au sein de ses grandes cités,
à Saint-Pétersbourg par exemple , la princesse
Mestcherhky, depuis la fondation de la société pour
l'amélioration des prisons en 1820, a établi un comité à l'instar de celui de Londres. « Nous sommes

heureux, écrivait-elle en 1821, au comité de Newgate, de pouvoir vous donner des nouvelles plus satisfaisantes de nos travaux pour améliorer la situation de nos pauvres prisonnières : l'ordre, la propreté, la soumission et le travail sont introduits dans chacune des quatre prisons confiées à nos soins. Tous les matins en se levant les détenues sont obligées de se laver les mains et la figure, et de se peigner les cheveux : elles sont toutes vêtues de la même manière : leur matrone récite chaque matin les prières en commun, et après, chacune d'elles en particulier. Elles se rendent ensuite à leurs occupations respectives, et la plus parfaite tranquillité règne dans les ateliers. Il ne leur est pas permis d'élever la voix, ni de parler d'une manière inconvenante; on leur défend également de chanter de mauvaises chansons.

« Chaque jour l'une des dames visite la prison, examine les chambres, fait réciter aux détenues leurs questions (que nous leur faisons apprendre par cœur, car aucune d'elles ne sait lire); elle leur enseigne de la même manière des passages des saintes écritures et leur fait une lecture.

« Entre midi et une heure, elles se rendent au réfectoire, précédées de la matrone et de sa suppléante : l'ordre et le silence sont rigoureusement observés pendant le repas. Chaque jour reproduit les

mêmes scènes de travail et d'instruction, et jamais,
en nous mettant à l'œuvre, nous n'aurions songé à
concevoir l'espérance de tant de subordination et
de régularité. »

Les succès de l'association des dames de Saint-
Pétersbourg se sont soutenus et accrus même depuis,
ainsi que le prouve le *rapport du président du
comité des dames de la société des prisons de Saint-
Pétersbourg* au président du comité des hommes de
la même société, 8 janvier 1825.

« A mon retour à Saint-Pétersbourg, dit-il, j'in-
spectai les prisons comme c'était mon devoir, et je
vis avec plaisir que les travaux de la société avaient
eu les résultats les plus satisfaisans eu égard aux
divers caractères des détenues. Votre excellence, en
observant leurs rapports mutuels, se sera sans
doute convaincue que la docilité et la bienveillance
ont fait de grands progrès parmi elles. Leur conduite
pendant l'inondation du mois de novembre dernier
en offre une preuve bien frappante. Au milieu de
la confusion générale, aucune prisonnière ne tenta
de s'échapper ou d'occasioner du désordre; au contraire elles s'empressèrent toutes de se porter du
secours les unes aux autres, de transporter les malades et de préserver les objets confiés à la matrone
par le comité des dames. —— Les eaux avaient
rempli les cours de pièces de bois flottantes et de

barques : rien n'était plus facile que de s'enfuir et de profiter même de l'occasion pour piller : on n'y songea même pas : hommes et femmes, à l'exemple de leur inspecteur M. Hertel, se mirent à l'ouvrage, et au risque de leur vie transportèrent dans leurs bras du rez-de-chaussée de l'édifice déjà envahi par les eaux, un prêtre aveugle et sa famille, 30 malades et 300 vieilles femmes que les infirmités et la maladie empêchaient presque de se bouger. Le comité des dames m'a prié de vous transmettre ces détails et de les faire parvenir à la connaissance de S. M. l'empereur. »

Nous avons insisté sur ces détails pour prouver que partout où la civilisation a pénétré en Europe, elle y a développé ces idées d'amélioration et de régénération morale des condamnés comme un des traits caractéristiques de son influence et une des conséquences nécessaires de sa propagation. C'est sous ce rapport que la civilisation moderne dans ses hautes tendances morales est si supérieure à la civilisation ancienne. Que l'on remonte en effet aux prisons de la Grèce et de Rome, où trouvons-nous dans l'histoire quelques traces à cet égard des idées, des sentimens, des sympathies de notre âge? Les prisonniers étaient pour ainsi dire, comme les esclaves, rangés au nombre des choses, et on les traitait en conséquence comme ces obstacles matériels qu'il

n'appartient qu'à la force physique de dompter et
d'aplanir. Ce n'est que depuis l'établissement du
christianisme, qui est venu, en proclamant l'égalité
de tous les hommes, émanciper les classes inférieures et imprimer au genre humain tout entier
ce mouvement de perfectionnement moral qui le rap-
pelle au sentiment de sa dignité et à toutes les inspirations généreuses de sa nature, qu'alors on a
commencé à cesser d'identifier le coupable avec
sa faute et de matérialiser l'agent dans l'acte, et qu'en
les séparant l'un de l'autre, on s'est accoutumé à
ne plus conclure d'un acte accidentel au caractère
général de l'être agissant, à se souvenir que ce qui
était vrai aujourd'hui de tel homme pouvait ne
plus l'être demain, que nous sommes des créatures
perfectibles jusqu'au dernier jour de notre vie, et
auxquelles grâces à Dieu, s'il a été permis de faillir,
il n'a pas été interdit au moins de se relever vers
le bien.

De là ce précepte évangélique qui nous commande
de penser charitablement de notre prochain, précepte
fécond et salutaire qui a fondé les premières institutions chrétiennes en faveur des prisonniers, qui bientôt des mœurs passa dans les lois sous Constantin,
Théodose et Justinien, puis du droit romain et du
droit canon dans celui des peuples germains d'où
à travers la barbarie du moyen âge, il est parvenu

usqu'à nous, protégé et perpétué par la puissance
de la croyance religieuse dans ces temps d'anarchie
où il ne pouvait plus trouver de sanction ni d'appui
dans la souveraineté des lois. C'est ce précepte dont
M. de Broglie admire et caractérise si bien la sagesse,
quand, s'élevant contre ce système inique et révol-
tant qui regarde le crime de la part de l'homme
comme la manifestation d'une nature essentiellement dépravée, plutôt que comme l'abus accidentel
de sa liberté, il s'écrie avec l'autorité de sa raison
élevée et de sa conviction profonde : « Le cœur humain a de grands mystères ; le cœur humain cache
des abîmes ; l'expérience nous enseigne que rien
n'est si merveilleusement mobile, souple, inconsis-
tant, sujet à retour : qu'il peut allier sans effort et
qu'il allie en effet sans cesse la générosité à la
perfidie, la grandeur d'âme à la bassesse, la pitié à
la cruauté, et ainsi à l'infini ; les anecdotes en sont
sans nombre : les exemples sont de chaque jour. Ce
qu'il y a de plus rare au monde, c'est précisément
un homme conséquent à lui-même, un homme, s'il
est permis de s'exprimer ainsi, tout d'une pièce. » *

C'est par cette étude sérieuse, par cette connaissance exacte de la nature de notre civilisation et de
notre espèce, que l'on se convaincra que la première

* *Revue française*, juillet 1829.

n'est que l'expression fidèle de la seconde, qu'il y
a concours, sympathie, intelligence entre elles pour
réclamer le système pénitentiaire ou la régénération
morale comme l'une des réformes qu'elles sollici-
tent, et des fins communes auxquelles elles aspirent.

Toutefois en reconnaissant cette réforme comme
une conséquence inévitable de notre espèce et de
notre civilisation, n'allons pas par une aveugle
confiance dans une sorte de fatalisme rationnel,
l'attendre, comme on le dit, de la force des choses.
Le ciel n'a pas traité les hommes avec assez de li-
béralité ou plutôt avec tant de dédain qu'il les ait
exclus de toute participation à l'accomplissement de
ces bienfaits prédestinés à l'humanité. Toutes les
réformes ont leurs conditions, leurs degrés, leur
ordre même nécessaire qu'il ne dépend point de
l'homme d'intervertir. Ainsi en jetant ce rapide
coup-d'œil sur ces états de l'Europe, régis par des
gouvernemens absolus, où nous avons trouvé et
signalé quelques traces d'améliorations dans le régime des prisons, qu'on n'aille pas croire que nous
nous fassions illusion au point d'espérer que l'adoption large et sérieuse du système pénitentiaire puisse
y devancer l'époque de leur émancipation politique.
C'est chose impossible. L'introduction du système
pénitentiaire est intimement liée en effet, ainsi que
nous l'avons exposé, à la réforme du système pénal

dans nos sociétés modernes, et comment demander aux gouvernemens absolus qu'ils écartent le cortège des châtimens qui les entourent, et qu'ils renoncent aux sanctions de la menace et de la cruauté quand ils n'en sauraient attendre aucune autre de l'assentiment des consciences et de l'appui de l'opinion. « Avec les meilleures intentions, dit M. Rossi en parlant du code prussien, les gouvernemens absolus ne sauraient dépasser la mesure de leur capacité. Quand ils font tout le bien dont ils sont capables, encore restent-ils à une immense distance du but qu'un gouvernement national doit atteindre. » Aussi ajoute-t-il : « demander quelle sera l'époque de la véritable reforme du système pénal dans un pays, c'est demander quel sera le jour où la liberté luira sur ces contrées. »

Remercions la providence qui n'a pas ainsi permis d'isoler le bonheur des peuples de la jouissance de leur dignité morale, et qui a mis ainsi dans chaque violation de leurs droits autant d'utiles entraves à leur bonheur, afin que l'aiguillon du mal, à défaut du sentiment du droit, servît incessamment à entretenir et à réveiller en eux le besoin de la liberté et le noble desir de la conquérir.

FIN.

DEUXIÈME PÉTITION

AUX CHAMBRES,

SUR LA NÉCESSITÉ DE L'ADOPTION

DU

SYSTÈME PÉNITENTIAIRE.

> « Nous ne le dissimulons pas, nos prisons punissent sans
> « corriger, et la question de la régénération des prisonniers
> « est encore à résoudre parmi nous. C'est aujourd'hui vers
> « ce but que doivent tendre tous nos efforts : on ne pourrait
> « aller plus loin sans blesser la morale publique. »
>
> (*Rapport* du ministre de l'intérieur à la Société royale
> des prisons.)

NOBLES PAIRS ET MESSIEURS,

La pétition que j'ai eu l'honneur de vous adresser
dans la session précédente à l'occasion de la publication du premier volume de mon ouvrage *sur le
système pénitentiaire en Europe et aux États-Unis*
qui vous est dédié, avait deux buts : la nécessité
de la *propagation de l'instruction primaire*, comme
le meilleur moyen de prévenir les crimes, et
l'adoption du système pénitentiaire, comme le

I

moyen le plus efficace de les réprimer. J'expliquais
dans cette pétition les motifs qui m'avaient décidé
à réunir ces deux sujets : je puis les séparer aujourd'hui que le ministre de l'instruction publique
par sa récente ordonnance a fait droit à cette pétition,
ou plutôt au renvoi qui lui en avait été fait par
vous. Quant au second objet de cette pétition, je
sais quel a été l'accueil bienveillant des Chambres,
mais je sais aussi que, quand on s'occupe d'une
réforme de bien public, ce ne sont pas des satisfactions d'amour-propre, mais des résultats qu'il
faut poursuivre et obtenir. Ne soyez donc pas éton-
nés de me voir aujourd'hui revenir devant vous
pour examiner ce qu'il est advenu du renvoi de
cette partie de ma pétition aux ministres de l'intérieur et de la justice, pour constater les dispositions
de l'administration, exposer ses objections, ses
doutes et les raisons propres à les combattre, pour
étudier sa sphère d'action, apprécier son système,
discuter ses préférences, et enfin pour reporter la
question au sein de vos délibérations avec ce nouveau degré d'intérêt qui naît de la contradiction
et aussi avec cette masse imposante de faits et de
documens nouveaux * qui, j'ose le dire, vous mettent dans la position la plus belle où jamais se soit

---

* *Voyez* le second volume de cet ouvrage.

trouvée législature d'aucun pays, pour arriver sur cette importante matière à une discussion approfondie et à une large solution.

En effet lorsque Howard et plusieurs années après lui, sir Samuel Romilly *, soulevèrent cette importante question au sein du parlement anglais, le premier n'avait à citer que la maison de Gand, le second que quelques pénitenciers d'Angleterre et d'Irlande et la commune renommée des pénitenciers américains. Aussi les discussions parlementaires présentent-elles quelque chose de vague dans tout ce qui tient à l'appréciation des faits. Plus tard lorsque dans les conseils de deux républiques, la même question s'agita à Genève et à Lausanne, ce furent encore plutôt les principes de la théorie que les enseignemens de la pratique qui décidèrent l'adoption de la réforme. Le savant M. Dumont n'avait visité que l'Angleterre, et il ne parlait du système pénitentiaire en Amérique avec toute l'Europe que sur les deux anciennes relations du feu duc de Larochefoucauld-Liancourt et du capitaine Turney sur les prisons de Philadelphie. Ainsi on a agité jusqu'ici en Europe cette question sans aucune connaissance exacte de l'histoire du système pénitentiaire américain, et l'Amérique, à son tour, l'a discutée et la discute

* Tome II de cet ouvrage, page 278.

encore dans la même ignorance de l'état des pénitenciers d'Europe. Vous êtes donc, nobles Pairs et
Messieurs, la première législature devant laquelle
cette question soit portée à la suite d'une vaste en-
quête qui vous présente tous les faits importans qui
se rattachent au système pénitentiaire et qui composent son histoire en Europe et aux États-Unis.
Ainsi se révèle à vous toute l'importance de ces débats qui ne retentiront pas seulement en France,
mais dans les deux mondes impatiens de connaître le
jugement que vous porterez sur les différens systèmes
qu'y a suivis la théorie et les différens résultats qu'y
a obtenus la pratique. Songez que l'autorité de votre
position et de vos lumières peut entraîner, non-seulement la France, mais l'Allemagne, l'Italie, toute
l'Europe civilisée que cette réforme préoccupe et
qui a les yeux sur vous, dans l'attente d'une discussion et d'une solution décisives.

Déjà vos votes ont été une première fois acquis à la
cause du système pénitentiaire, mais a-t-elle trouvé
les mêmes dispositions favorables auprès du gouvernement? D'abord, vous le savez, en demandant dans
notre première pétition l'adoption du système pénitentiaire en France, nous ne prétendîmes pas avoir
les premiers proposé ni conçu même cette pensée de
bien public; nous nous hâtâmes, au contraire, de reporter tout le mérite d'une honorable initiative au

gouvernement de la restauration, à son fondateur,
à Louis XVIII, à cette mémorable ordonnance du
9 septembre 1814, dont l'exécution n'avait été
suspendue que par les évènemens du 20 mars.
Nous nous présentions devant vous, comme Samuel
Romilly, en 1810, devant le parlement anglais, rappelant le gouvernement du pays à l'exécution de
résolutions déjà prises et dont une coupable et dangereuse indifférence avait retardé, depuis de longues
années, l'accomplissement.

M. le comte Portalis, ministre de la justice, a
loyalement reconnu ces promesses de la restauration et la nécessité de les réaliser. Nos vœux
ont trouvé en lui un puissant organe près du trône.
« Votre majesté, dit-il dans son rapport de 1828
sur l'administration de la justice criminelle, verra
avec peine que, dans le nombre des récidives, trente-
sept sur cent avaient encouru leur première condamnation avant l'âge de vingt-un ans. *Il serait
vivement à desirer* que des prisons particulières
pussent être établies pour les condamnés de cet
âge, *conformément aux intentions qu'avait manifestées le prédécesseur de votre majesté, de glorieuse
mémoire, dans son ordonnance du 9 septembre
1814.* »

Mais M. de Martignac, ministre de l'intérieur,
dans deux rapports consécutifs à la Société royale des

prisons insérés dans le *Moniteur* du 19 janvier et 2 août 1829, s'est au contraire prononcé contre l'adoption du système pénitentiaire en France, par deux motifs fondamentaux, tirés, le premier de la cherté de ce système; le second, de la supériorité du nôtre, si l'on compare avec impartialité notre organisation des prisons à celle des pays étrangers.

Dans l'ordre de discussion de ces deux fins de non-recevoir opposées à l'adoption du système pénitentiaire en France, nous devons naturellement nous attacher d'abord à la seconde; car si notre système est le meilleur, à quoi bon discuter la question de l'adoption d'un autre.

§ Ier. EXAMEN DU SYSTÈME DE L'ORGANISATION DES PRISONS EN FRANCE ET DE LA MARCHE DE LA RÉFORME.

Examinons donc notre système d'organisation des prisons et la marche que la réforme a suivie parmi nous.

« On a souvent invoqué à notre préjudice, dit M. de Martignac, la comparaison des pays étrangers. Si l'on veut faire cette comparaison avec équité, on sera forcé de convenir que la France a conçu son système de réforme sur un plan plus vaste et mieux entendu. . . On s'accorde à reconnaître que la masse des détenus est mieux traitée en France que dans les autres états de l'Europe, par cela même que notre système d'*amélioration s'est étendu simultanément à toutes les prisons du royaume.* »

La première chose que nous observerons d'abord, c'est que nous avons en vain cherché un *système*, et un *système vaste*, *étendu*, *simultané* dans l'organisation des établissemens de détention en France, et qu'en l'absence de ce système que nous eussions voulu y rencontrer, nous n'avons trouvé qu'anarchie et dans le mode de *construction*, et dans le régime *physique*, et dans le régime *moral*, et dans le régime *administratif*, ainsi que nous allons l'établir.

Régime administratif. — L'anarchie, conséquence de l'absence de plan, de système, vient d'abord de l'administration. En effet, si sur bien des points on peut accuser, ainsi qu'on l'a fait tant de fois, une centralisation sans bornes dans le pouvoir exécutif, tel que nous l'a transmis l'empire, ici, par un singulier contraste, c'est le défaut contraire, c'est une absence complète de centralisation et d'unité en tout ce qui concerne l'administration des établissemens de détention. L'action administrative est éparpillée entre différens fonctionnaires d'un ordre essentiellement distinct, agissant dans un cercle d'attributions tout-à-fait indépendantes, de telle sorte qu'il n'y a aucun pouvoir central qui puisse donner l'impulsion à la réforme.

L'échelle des établissemens de détention en France a quatre degrés : *maisons de justice et d'arrêt, maisons de correction, maisons de détention, bagnes.* Eh bien! autant de degrés dans l'échelle de détention, autant de volontés, autant de directions diverses et souvent opposées, à partir de la maison d'arrêt jusqu'au bagne. Les maisons de justice, d'arrêt et de correction sont à la merci des directions locales et départementales. Selon qu'il se trouvera dans le conseil général, dans le conseil d'arrondissement et dans le conseil municipal, ou dans le département même, plus ou moins de gens éclairés et dévoués à l'amélioration des prisons, ces maisons d'arrêt et de correction présenteront un état plus ou moins satisfaisant au physique comme au moral, en sorte que le sort des détenus dépend du personnel de ces administrations locales, et qu'ainsi on compterait presque autant de régimes différens dans ces prisons que de départemens en France, où la loi pénale d'un bout à l'autre du royaume est pourtant la même pour tous. Ainsi tandis que je pourrais citer dans tel département une prison de correction qui n'a point reçu la moindre amélioration, et présente ainsi l'état le plus déplorable, parce qu'il n'a pas plu au conseil général de s'en occuper dans le budget, je nommerais tel autre département, au contraire, où le zèle pour la réforme va jusqu'à la tentation d'un essai du système pénitentiaire sur lequel on me demande des éclaircissemens propres à le rendre applicable à une prison projetée.

Des maisons de justice, d'arrêt et de correction, si l'on arrive aux maisons centrales, ici seulement intervient quelque unité au moins dans la direction, comme s'il fallait au coupable être absolument flétri en France d'une peine infamante, pour pouvoir jouir du bénéfice de l'égalité devant la loi.

Au-dessus des maisons centrales, il y a un degré de détention plus élevé; aussitôt changement de degré, changement de direction; c'est une autre volonté, c'est un autre ministère pour les bagnes. Pourquoi M. le ministre de la marine est-il chargé de l'administration des bagnes? c'est la première question qu'on s'adresse et qu'il s'adresse à lui-même, dans son rapport au roi, qui forme l'exposé des motifs de l'ordonnance du 21 août 1828 relative à un essai de classification et d'amélioration dans le régime des bagnes. Or, voici la seule explication qu'il peut donner de cette attribution singulière de son ministère : « C'est qu'autrefois les condamnés aux fers étaient employés à ramer sur des galères, et que, quoique la marine n'ait plus d'emploi de même genre à donner aux forçats, d'anciennes habitudes maintiennent un état de choses contre lequel, ajoute-t-il du reste, se sont élevés beaucoup de bons esprits. »

Eh bien! quelles sont les conséquences de l'empire de ces vieilles habitudes? C'est que le ministre de la marine ne s'est pas plus occupé de combiner la réforme des bagnes avec celle des prisons, que s'il n'en existait pas en France; de même que, à son tour, M. le ministre de l'intérieur se gardera bien de calculer l'influence des améliorations des prisons sur le régime des bagnes. Or, voici les bons effets d'un pareil état de choses. Accordons ici, pour un moment, à l'ordonnance du 21 août les avantages que nous lui avons contestés ailleurs, qu'arrivera-t-il? C'est que M. le ministre de la marine, travaillant à purifier les bagnes, dont la population continuerait à se recruter dans nos prisons restées dans le *statu quo*, ferait véritablement un ouvrage qui ne ressemblerait pas mal au tonneau des Danaïdes.

C'est ce conflit de volontés et de directions qui partent en sens divers et opposés des ministères de la marine, de l'intérieur et de tous les conseils municipaux, conseils d'arrondissement et conseils généraux de tous les départemens du royaume, que M. de Martignac appelle un *système simultané* dans la réforme qui nous assigne la supériorité sur les étrangers.

Jugeons maintenant le système simultané par ses résultats, d'abord matériels et physiques.

Régime physique. — La mortalité qui est l'expression la plus exacte du bien-être répandu dans les lieux de détention, nous allons la trouver précisément en sens inverse de l'ordre pénal. Ainsi depuis dix années, terme moyen au bagne de Brest*, elle est de un sur trente. D'après le rapport de M. de Martignac, le plus beau résultat obtenu dans les maisons centrales est de un sur vingt-deux, et le terme moyen est de un sur seize. Ainsi le réclusionnaire jouit d'une somme de bien-être matériel bien inférieure à celle du forçat au bagne; aussi de là l'explication de ce fait constaté ailleurs, qui nous montre les forçats préférant le séjour des bagnes à celui des maisons de détention.

Et si on reproduit ensuite entre les maisons de réclusion et les prisons de correction, de justice et d'arrêt, et voir même les simples dépôts de mendicité, la comparaison établie entre les maisons de réclusion et les bagnes, on trouvera combien il vaut mieux aujourd'hui en France, dans l'intérêt de sa santé et de sa vie même, être filou que vagabond et voleur de grand chemin, que filou. «Dans le système

---

* Cette différence de résultats entre les maisons de détention et les bagnes, se reproduit même de bagne en bagne, de maison centrale à maison centrale.

de nos prisons, dit M. le docteur Villermé dans
son *Mémoire sur la mortalité*, les simples prévenus
sont bien plus maltraités que les condamnés : leur
nourriture, leur coucher sont plus mauvais; on ne
leur distribue aucun habit; on les chauffe moins
en hiver; ils ne peuvent pas toujours travailler
pour adoucir leur sort, tandis que les scélérats
avérés ont une existence moins intolérable. »

Mais du reste ce résultat si affligeant et si ré-
voltant, sous un régime uniforme de jurisprudence
et de législation, ce résultat qui détruit et boule-
verse l'arrêt du juge, la conscience du jury et la
souveraineté de la loi, n'a pu être entièrement dé-
savoué par M. de Martignac. Et le croirait-on,
c'est à l'absence d'un *système simultané* dans la réforme, d'une direction, d'une volonté unique qu'il
l'impute ainsi que nous, en sorte qu'il a pris avant
nous le soin de se réfuter lui-même : « Il faut le dire,
s'écriait-il dans son rapport, les condamnés dans
les maisons centrales sont mieux traités que les
prévenus ou les accusés. Cette différence tient à ce
que l'administration des maisons centrales étant di-
rigée par le *ministre de l'intérieur*, une *volonté
unique* remplit, à l'égard des prisonniers, les *intentions paternelles du roi.* »

Et si nous voulions nous étendre sur l'absence de
plan, de système dans les constructions, sur les folles

dépenses qui en sont la conséquence dans une foule
de départemens, où des prisons s'élèvent à grands
frais, sans qu'on y utilise les plus simples notions
de la science et de l'expérience à cet égard, que
deviendrait la beauté de l'*harmonie* et de la *simultanéité* du système? Sans sortir du département de
la Seine, placé sous la main même de la direction
de l'administration des bâtimens civils, nous avons
déjà signalé, dans notre première pétition *, cette
effrayante prodigalité de dépenses, à l'égard de la
prison nouvelle qui s'élève dans l'enclos de la Roquette, et sur laquelle nous aurons à revenir. A
Sainte-Pélagie, en construisant un bâtiment nouveau, on nuit à la salubrité de l'ancien, d'après le
rapport même du conseil de salubrité. On prodigue
350,000 fr. pour l'érection seule d'une chapelle,
comme si les prisonniers ne pouvaient s'agenouiller
devant Dieu que sur le parvis d'un temple somp-
tueux. Cette question du mode de construction des
prisons si importante n'a nulle part reçu une solution parmi nous. Il n'y a à cet égard ni plan général ni même tradition administrative, et on ne
voit, pour ainsi dire, qu'une question de lignes
droites et de lignes courbes, dans cette intervention de l'architecture si puissante, non-seulement

* Tome 1, page xcix.

dans l'intérêt de la sûreté des prisons, mais dans celui même de la régénération morale des prisonniers.

Régime moral. — Nous avons prononcé ce mot : hélas ! est-ce autre chose qu'un mot dans l'organisation intérieure de nos prisons? En considérant même le travail tel qu'il y est adapté comme élément de la réforme morale, où chercher le système simultané de M. de Martignac? Quelle harmonie y a-t-il dans le régime des travaux entre les bagnes et les maisons de détention, entre les maisons de détention et les maisons de correction, dont si peu en sont régulièrement pourvues? Quant aux maisons d'arrêt et de justice, inutile d'y chercher les occupations des détenus. On n'y connaît pas le travail.

Autre élément moral, le pécule. Nous le trouvons dans toutes les maisons de détention ; mais quelque défectueuse qu'y soit son organisation selon nous, ce n'est encore qu'à quelques maisons de correction qu'on l'a étendu. Il n'a pas encore franchi le seuil des bagnes.

Et les punitions. En voyant les prisons et les bagnes, ne dirait-on pas deux siècles, deux peuples différens? Les principes, comme on le voit, s'entrechoquent comme les faits dans cette effrayante anarchie de nos établissemens de détention que M. de Martignac décore du nom de système régulier et simultané.

Non, malheureusement cette simultanéité systématique, cette unité de plan, cette conception
d'ensemble, rien de semblable ne s'est rencontré
parmi nous, et n'a présidé à la conception première, puis à l'exécution successive de nos établissemens de détention. Aussi, en envisageant notre
régime des prisons sous son côté le moins défectueux, en détachant de cet incohérent ensemble la
partie qui présente isolément quelque chose de plus
complet et de plus régulier; en un mot, en n'examinant que le système d'organisation des maisons
centrales de détention, comment a-t-il été conçu?
D'après le récent rapport de M· le ministre de l'intérieur lui-même *, l'administration a distingué en
France la *réforme matérielle* de la *réforme morale;*
elle a cru qu'elles n'avaient nul besoin de marcher
ensemble, et qu'ainsi on pouvait, en ne s'occupant
d'abord exclusivement que de la première, ajourner
la seconde sans difficulté; on n'avait nullement calculé que c'est la réforme morale qui prévient l'augmentation du nombre des crimes et des récidives,
et que tandis que par la réforme matérielle on faisait des prisons pour les prisonniers, par l'omission
de la réforme morale on travaillait plus vite encore
à faire des prisonniers pour les prisons. Le vice,

---

* *Moniteur* du 31 janvier 1830.

abandonné à son action désastreuse a été plus prompt à se propager et à se reproduire que les prisons à se construire et à s'achever; et après 28 millions dépensés pour l'érection des maisons de détention, si vous demandez quand ces sacrifices, qui se cumulent annuellement, arriveront enfin à leur terme, M. le ministre de l'intérieur vous répondra franchement qu'il ne saurait le dire, parce que, « *à mesure que les constructions s'étendent, le nombre des prisonniers augmente;* l'accroissement est de 3905 depuis le 1er janvier 1820 jusqu'au 1er octobre 1829. »

Ainsi des dépenses sans résultat, des sacrifices sans limites, tel est le système auquel est soumise l'organisation de nos maisons centrales de détention. Nous disons des dépenses sans résultat; c'est à tort, car tous ces malfaiteurs amassés dans ces lieux de détention, dès-lors que ce n'est pas pour les régénérer, c'est pour les corrompre davantage que vous les y rassemblez. On ne réunit pas impunément dans un pays tous ces êtres pervers, épars sur sa surface, dans un même lieu, sous un même toit; on ne les appelle pas impunément à toutes les habitudes et à toutes les communications de la vie commune : l'emprisonnement, en ne revêtant pas le caractère pénitentiaire qui s'y rattache essentiellement, devient un danger au lieu d'une garantie sociale, car il ouvre un vaste enseignement mutuel au crime, et c'est ainsi que vous dépensez, pour le propager dans la société, les millions destinés à le corriger et à le punir. Ce que nous disons, ce ne sont déjà plus des principes, ce sont des faits qu'il n'est plus permis de dissimuler : « Le grand nombre de récidives, s'écrie M. le ministre de l'intérieur dans son rapport précité, est affligeant; il est de deux sur onze dans les maisons centrales; il s'élève même à un sur quatre parmi les détenus correctionnels. *Nous ne le dissimulons pas*, nos prisons *punissent sans corriger*; et la question de la régénération des prisonniers est encore à résoudre parmi nous. *C'est aujourd'hui vers ce but que doivent tendre tous nos efforts*. Le régime matériel des prisons centrales a reçu les améliorations qu'il était possible d'y introduire, et on ne pourrait *aller plus loin, sous ce rapport, sans blesser la morale publique*. »

Ainsi la voilà donc posée cette question de la régénération morale des détenus, la voilà donc bien tardivement, mais bien franchement reconnue comme un besoin social qui veut être satisfait sans délai et comme un devoir moral qu'on serait coupable de ne pas remplir.

C'est ainsi que nous voilà nécessairement conduits à la seconde partie de cette pétition, c'est-à-dire à la

2

recherche de la solution de la question d'application du système pénitentiaire en France. Mais avant d'y arriver, nous ne pouvons taire ce sentiment de surprise qui frappera les publicistes étrangers quand ils auront à s'expliquer ces deux rapports de deux ministres *, lus à la même société et à quelques mois d'intervalle seulement, dont l'un traçant le tableau de notre système des prisons sous les plus brillantes couleurs, ne craint point d'en proclamer la supériorité sur tous les autres systèmes connus des pays étrangers; tandis que l'autre en offre une description si affligeante, qu'il nous fait descendre de ce premier degré au-dessous des États-Unis, de plusieurs cantons de la Suisse, des Pays-Bas, de l'Angleterre, de l'Écosse, de la Prusse, de la Bavière.

De ces deux rapports, dont l'un marque notre place à la tête et l'autre à la queue de la civilisation, lequel faut-il croire ? Hélas ! les faits sont assez significatifs par eux-mêmes : leur fidèle exposé honore du moins le ministre auquel nous le devons; car quand le prestige du talent ne sert qu'à voiler une vérité utile, il devient moins qu'un ornement superflu.

* MM. de Martignac et de Montbel.

§ II. NÉCESSITÉ DU SYSTÈME PÉNITENTIAIRE EN FRANCE. — RÉFUTATION DES OBJECTIONS A SON ADOPTION.

La question de la régénération morale des prisonniers est encore à résoudre parmi nous; c'est ainsi que s'exprime le rapport * de M. le ministre de l'intérieur, et c'est parce que son avis était le nôtre long-temps avant qu'il l'eût exprimé, que la solution de cette question nous préoccupe depuis si long-temps. Mais où la chercher? En nous-mêmes? Nous avons déjà exprimé les motifs ** qui nous traçaient une autre marche, et qui nous ont appelé naturellement à rechercher si ce qui n'avait pas encore été tenté chez nous ne s'était pas découvert et réalisé même ailleurs avec succès. De là la nécessité pour nous de l'ouvrage que nous vous avons dédié et dont nous venons vous offrir l'hommage à l'appui de cette pétition. C'est dans les deux volumes de cet ouvrage et dans la Conclusion générale qui le suit, que vous trouverez tous les principes et tous les faits qui nous ont été révélés jusqu'ici par la théorie des publicistes et par la pratique des nations. Cette solution historique que nous recherchions, nous croyons l'avoir trouvée, non assez complète,

* *Moniteur* du 31 janvier 1830.
** *Voyez* tome II, préface.

2.

sans doute, pour ne pas desirer de nombreux perfectionnemens, mais aussi pas assez incomplète pour ne pas mériter d'être proposée comme une réforme bien conçue et bien définie à l'adoption des pays civilisés et surtout du nôtre.

Au reste, son plus éloquent antagoniste n'a pas contesté au *système pénitentiaire*, tel que nous l'offre la pratique, sa vertu régénératrice; les faits si positifs à cet égard * ne pouvaient en effet permettre la contradiction.

Il ne lui a pas contesté non plus cette certitude d'exécution qu'il promettait à la peine et ce redoublement d'efficacité par conséquent qu'il assurait à la loi; car quelle prison aurait-il pu opposer et comparer aux pénitenciers de Genève, et surtout d'Auburn, qui depuis leur établissement n'ont pas offert un *seul exemple d'évasion* **? mais dans deux rapports successifs à la Société royale des prisons, in-

* *Voyez* tome II, pages 61 et suivantes; 175 et suiv.; 185 et suiv.; 370 et suiv.; 419 et suiv. : *Conclusion générale*, page LXXII, où l'on peut comparer au chiffre des récidives en France, qui est d'après le ministre, de 2 sur 11 et même 1 sur 4, le chiffre des récidives à Auburn de 1 sur 32; à Lausanne de 1 sur 14; à Genève de 10 pour 100, etc., etc. Que l'on calcule maintenant combien, comme citoyens de France, nous sommes privés de garanties pour nos personnes et nos propriétés dont nous jouirions comme citoyens de tel état de Suisse ou des États-Unis.

** *Voyez* tome II, pages 100-183-419 et suivantes, *Conclusion générale*, pages IX, LXXI.

sérés dans le *Moniteur* des 19 janvier et 2 août 1829,
M. de Martignac, comme ministre de l'intérieur, a
opposé à l'adoption du système pénitentiaire une
fin de non-recevoir invincible selon lui, tirée de sa
cherté. Dans une discussion si importante et qui
touche à des intérêts si élevés, nous sentons l'obligation de citer les paroles mêmes du ministre, afin
qu'on juge par soi-même avec quelle légèreté, avec
quelle incroyable ignorance des choses dont il parle
et des faits dont il se prévaut, il vient jeter à-la-fois
dans l'esprit du prince qui préside et des membres qui composent cette société, dans le sein de la
haute administration qu'il dirige, dans le public
enfin pour lequel ce rapport s'imprime et se public,
une défaveur si injuste sur le système pénitentiaire.

« C'est à grands frais et pour un petit nombre de
détenus seulement, que les Anglais ont construit
leurs prisons-modèles. Le *pénitencier* de Londres
ne renferme que 900 prisonniers des deux sexes.
Ceux de Lausanne et de Genève, construits en 1824
et 1825, ne peuvent contenir, l'un que 104 individus, l'autre que 50. A Londres cependant il paraî-
trait en avoir coûté plus de 10 millions de francs,
à Lausanne et à Genève près de 1 million, terme
moyen par individu 13,575 fr. 50 c. Impossible en
France de songer à rien de pareil; car pour loger
les 34,784 détenus existans dans nos prisons au

1er octobre, il faudrait 472,210,192 fr., ou même davantage si on imitait Genève, où ce qui a été fait ne l'a été que pour un petit nombre de prisonniers. Aussi n'y a-t-il dans les trois pays cités que ces établissemens de *luxe*. » *

Telles sont les paroles de M. de Martignac, qui les a trouvées si justes, si incontestables, qu'à six mois d'intervalle, il les a reproduites sans y changer une virgule dans ses deux rapports à la Société royale des prisons.

Maintenant qu'on juge de leur exactitude. D'abord où M. de Martignac a-t-il vu que le pénitencier de Lausanne ait coûté près d'un million? Qu'il ouvre le rapport sur cette maison de détention, fait à la société d'utilité publique du canton de Vaud, dans sa séance du 2 août 1827, par M. Al. Chavannes, l'un de ses membres, et vice-président de la commission

---

* Dans les petits cantons de Genève et de Lausanne, il n'y a en effet que deux pénitenciers, parce que *un seul* suffit. Quant à l'Angleterre, qu'aura-t-on pensé, dans ce pays, de l'érudition de notre ministre de l'intérieur, qui, en pleine Société royale des prisons, déclare *ex professo* que les Anglais n'ont que le pénitencier de Millbanck? La société de Londres a pourtant adressé son dernier rapport à la société de France. Si M. de Martignac en avait seulement parcouru la *table des matières*, il se fût épargné ce fâcheux mécompte. Nous nous bornerons à le renvoyer à la page 288 du tome II de cet ouvrage, où il trouvera dès 1791 l'établissement du pénitencier de Gloucester.

des établissemens de détention et d'utilité publique
du canton de Vaud, et il y trouvera (page 2) « que
les frais à-la-fois de *construction et d'ameublement*
se sont élevés à l. 326,000 de Suisse, ou 481,000 fr.
de France ». Ce qui, pour cent quatre individus,
donne moins de 4,700 fr. par chacun. Or, il y a loin
de cette somme à celle de 13,575 fr. 50 c., établie
par M. de Martignac. Il faut même observer qu'on
reproche justement à la construction de la prison
de Lausanne un caractère d'élégance et de luxe
dans l'architecture, mal approprié à la destination
d'un pareil édifice, et qu'ainsi, sous ce rapport encore, on eût pu obtenir une réduction notable des
frais de bâtisse. *

Maintenant si nous passons aux frais de construction de la prison de Genève qui a cinquante-quatre
cellules, et pourrait contenir, au besoin, un nombre
d'individus supérieur, d'après l'art. 8 de la loi sur
le régime intérieur de cette prison, quoique les frais
de construction soient loin d'atteindre le million
de M. de Martignac, puisqu'ils n'ont été que de
285,000 fr. de France, néanmoins ils ont de beaucoup excédé la dépense qu'exigerait aujourd'hui une
pareille construction, même pour un plus grand
nombre d'individus. En effet, dans ma première pétition, imprimée en tête du premier volume de cet

* Tome II, page 348.

ouvrage*, j'ai cité le rapport de M. Aubanel, qui déclare que : 1° les frais considérables d'arrangement de terrein et de pilotage pour les fondemens, parce que la prison est construite dans un bastion où il y avait des démolitions à opérer et de grandes précautions à prendre sur un terrein nouveau et rapporté ; 2° la dépense assez forte en tâtonnemens divers et modifications du plan primitif dans l'exécution ; 3° enfin, des changemens et additions à l'époque de l'occupation, ne permettent pas de douter qu'avec l'expérience actuelle on pourrait bâtir sur le même plan pour 200,000 fr. de France une prison destinée à soixante individus, ce qui donne par individu 3,333 fr. et une fraction. **

Mais si, dans des cantons aussi peu étendus que ceux de Genève et de Vaud, il n'est guère permis d'aspirer à un prix moins élevé, il n'en est pas de même en France. Nous avons l'avantage de pouvoir opérer sur une plus grande échelle, et de diminuer ainsi considérablement les frais de construction et d'entretien d'une maison pénitentiaire. On conçoit, en effet, combien il devient moins onéreux, par exemple, de construire une prison pour plusieurs centaines d'individus que pour cinquante-quatre seulement comme à Genève. Ainsi, le coût d'entretien

---

* *Voyez* tome 1. page 2j de la *Pétition.*

** *Voyez* tome 11, page 392.

de l'établissement avait été calculé avec beaucoup de soin pour l'année 1827, et pour une moyenne de quarante-huit prisonniers, il fut porté au budget pour 50,600 fl., ce qui, divisé par quarante-huit, fait par homme 1054 fl., soit 2 fl. 10 sous, ou 26 sous de France par jour; mais cette somme, réduite par les profits des travaux qui reviennent à la maison, n'a guère été que de 21 sous; or les frais des treize employés répartis sur quarante-huit individus font 10 sous de France, c'est-à-dire presque la moitié de coût d'entretien de chaque individu par jour. * Eh bien! supposez une prison bâtie sur une échelle de cent individus seulement, avec les mêmes classes, le nombre des employés restera le même, ce qui réduira déjà de 5 sous de France la moyenne du prisonnier. Que sera-ce si nous opérons sur une échelle de quatre cents? On voit comment on peut arriver en France, en prenant bien son échelle, à des résultats très économiques. **

Quant au pénitencier de Millbank, si M. de Mar-

---

* *Voyez* sur tous ces frais tome II, page 419, le chapitre tout entier sur la comptabilité morale, économique et financière du pénitencier de Genève, et les tableaux statistiques qui suivent, notamment le tableau 3 sur la moyenne de la dépense dans le pénitencier de Genève.

** *Voyez* tome II, page 435, Observations de M. Aubanel, directeur du pénitencier de Genève; *voyez* également page 329, plan proposé par le directeur du pénitencier de Dublin.

tignac avait jeté les yeux sur les ouvrages de M. Cuningham, Buxton, etc., sur les rapports de la société de Londres pour l'amélioration des prisons, il y eût vu que précisément tout le monde se récrie en Angleterre sur ce bâtiment, « qui construit, dit M. Buxton, avec trop de somptuosité, sur une échelle à laquelle on ne peut atteindre, au lieu de fournir un exemple des moyens par lesquels on pouvait parvenir à la réforme des prisonniers, ne permet à aucune ville ou comté du royaume de le prendre pour modèle et d'imiter un plan qui entraînerait de telles dépenses.»

Que M. de Martignac ne se prévalait-il aussi du pénitencier qui s'élève à Paris dans l'enclos de La Roquette, puisqu'il voulait faire peser sur le système pénitentiaire la responsabilité de dépenses qui lui sont étrangères? La France, en effet, offre un second exemple du même abus qui a compromis en Angleterre, par la construction de Millbank, le succès du système pénitentiaire; et l'exemple est plus édifiant encore, quand on voit pour 400 femmes le devis d'une prison s'élever de 1,500,000 fr. à près de 5 millions!

C'est qu'on ne l'a pas osé, parce que nous avons signalé cet abus dès notre première pétition aux Chambres, parce qu'au nom du système pénitentiaire nous avons protesté contre ce luxe d'architecture, contre cette prodigalité de dépenses; et que c'est nous qui, dans l'intérêt de ce système,

avons rappelé à l'économie ceux qui par une singulière contradiction crient le plus fort aujourd'hui
contre la cherté d'un système dont ils ont, au-delà
de toute mesure, exagéré les frais. On a trouvé commode alors de citer le pénitencier de Londres pour
justifier les dépenses du pénitencier de Paris, sans
songer que l'opinion publique, éclairée dans ses
jugemens, n'imputerait qu'aux administrateurs ce
qu'on cherche enfin à rejeter sur la nature même
du système et de son application.

Mais à l'appui de sa fin de non-recevoir contre
l'adoption du système pénitentiaire, comment M. de
Martignac n'a-t-il cité que trois pénitenciers d'Europe, sans un mot des pénitenciers américains? Pour
réparer cette omission, je mets sous les yeux des
Chambres, dans la note A * insérée à la fin de cette
pétition, un document bien décisif, bien précieux
que je recommande à toute leur attention. C'est le
tableau comparatif des dépenses des différens pénitenciers, tracé par M. Thompson, au sein de la
chambre des représentans de tous les états de l'union
américaine réunis à Washington. Ainsi, tous les faits
qu'il citait avaient là leurs témoins et au besoin
leurs contradicteurs; car il parlait à la face du pays
tout entier. L'adoption du bill à l'appui duquel il

* *Voyez* cette note, page 38.

prononçait ces paroles est une justification la plus significative de leur exactitude, quand il dit en terminant : « Ainsi, j'ai montré, non par des raisons spéculatives, mais par une simple exposition *des faits*, qu'un pénitencier peut être capable, non-seulement de s'entretenir, mais d'être encore un petit revenu pour l'état. J'ai prouvé aussi que, dans tous les cas qui sont à ma connaissance, lorsqu'un pénitencier ne fournissait qu'à ses frais, c'était un résultat, soit de la mauvaise administration de l'institution, soit de la manière d'examiner les comptes, soit de la situation désavantageuse qui l'éloignait de tout marché pour la vente de ses produits. » *

Mais à côté et en l'absence même de cette masse accablante de documens et de faits, de nombreuses considérations puisées dans la nature corrective du système pénitentiaire ne devaient-elles pas indiquer à M. de Martignac une autre solution à la question

---

* Nous pouvons et devons également renvoyer nos lecteurs aux tableaux statistiques insérés dans le tome II de cet ouvrage, et notamment au tableau D, page 238, sur la *dépense annuelle* de plusieurs pénitenciers; aux renseignemens et faits cités page 152 et suivantes; à la note insérée page 226, et enfin à la *Conclusion générale*, page x, où l'on trouvera que le coût du pénitencier d'Auburn, pour la dépense de 550 cellules, jointe à celle des ateliers, pompes, etc., etc., n'a été que de 50,800 dollars; que dans le Connecticut un pénitencier sur le même plan, pour 136 cellules, n'excède pas 30,000 dollars, etc.

de son adoption, alors même qu'il ne la considérait que sous le point de vue purement économique et financier? M. de Martignac calculait-il ce que coûte chaque récidive, soit à la société victime de nouvelles déprédations des propriétés privées, soit à l'état chargé, deux, trois fois au lieu d'une, pendant 10, 15, 20 années au lieu de 5, de l'entretien du coupable? Avait-il oublié ce principe proclamé par Romilly au sein de la chambre des communes et confirmé par la sagesse du parlement anglais *, « que le système le plus économique n'était pas celui qui coûtait le moins de frais, mais qui prévenait le plus de récidives. »

Et tous les crimes sont-ils donc appréciables en argent, et la société croira-t-elle payer trop cher la diminution du nombre des assassinats qui chaque année portent la désolation dans les familles et l'épouvante dans son sein?

Aussi en admettant même qu'entre le système actuel d'emprisonnement et le système pénitentiaire, la balance, sous le point de vue pécuniaire, penchât du côté de ce dernier, certes nous présumons assez bien des sentimens et des lumières des Chambres pour affirmer qu'elles accueilleraient au milieu d'un

---

* *Voyez* l'analyse de ces débats si intéressans du parlement sur le *Système pénitentiaire*, tome II, page 279.

assentiment unanime le ministre qui leur dirait comme M. Thompson au congrès américain :

« Quand ce système serait plus coûteux , devrions-nous pour cela ne pas l'adopter? Non sans doute : s'il donne plus de garanties à la société, la dépense pécuniaire n'est que d'une faible importance. Le gouvernement n'a pas été institué comme un moyen de spéculation sur les vertus ou les vices des citoyens. Son but est la prospérité publique : il ne peut se maintenir et administrer sans frais. Pourquoi affectons-nous tous les ans trois millions à l'entretien d'une marine? Ce n'est pas parce qu'elle procure au gouvernement des avantages pécuniaires directs, mais parce qu'elle est nécessaire à la paix, à la sécurité et au commerce de la nation. Pourquoi votez-vous tous les ans des sommes considérables pour l'administration de la justice? Ce n'est pas que le trésor recueille aucun profit des cours de justice; mais c'est qu'il est impossible d'assurer la tranquillité et le bonheur du pays, sans que la justice soit administrée aux citoyens aux dépens de l'état. Vous adoptez un système de défense militaire, non pas parce qu'il coûte moins que tout autre, mais parce qu'il est le plus propre à remplir le but qu'il s'agit d'atteindre, le plus conforme à la dignité et à l'honneur de la nation. D'après les mêmes principes, nous devons adopter un système de justice pénale,

tel que le bien public l'exige, non pas parce qu'il
coûte moins, mais parce qu'il est le plus propre à
garantir la société de l'invasion des crimes. »

Voilà, nobles pairs et messieurs, voilà, nous ne
craignons pas de le dire, les principes, les sentimens
qui sont les vôtres, et que vous vous empresseriez
de sanctionner, sans vous arrêter à cette différence
qui assurément ne permet pas de rétribuer des
hommes, ou plutôt de véritables instituteurs dont
on exige tant de conditions d'aptitude et de capacité
pour l'application d'une discipline réformatrice, à
l'instar de ces garde-chiourmes auxquels on ne demande que de savoir administrer la bastonnade et de
joûter de ruse et de fraude avec le galérien auquel ils
doivent opposer, Dieu sait à quel prix, une connaissance supérieure de toutes les infernales ressources du crime.

§ III. CONCLUSION.

Nous avons examiné notre système d'organisation des établissemens de détention en France, et
en avons signalé le vice capital, dans l'absence de
tout système de régénération morale des détenus.
De la découverte du mal, passant à la recherche
du remède, nous venons d'indiquer le système pénitentiaire comme réunissant toutes les conditions

desirables de sûreté, d'efficacité, d'économie, et de réfuter toutes les objections qui ont été faites contre son adoption.

Une fois la nécessité de cette réforme reconnue, il s'agit de savoir par qui elle se fera, comment elle se fera. Sera-ce administrativement ou législativement? Ici s'élève une grave et haute question, qui intéresse votre prérogative parlementaire, et qui intéresse davantage encore la vie, la liberté, la personne des citoyens qui, innocens ou coupables, ne sauraient être livrés à l'arbitraire de l'administration, et qui se réclament de la protection de la loi.

A quoi servent en effet toutes les garanties de notre code de procédure et de notre système judiciaire, si, au sortir du tribunal, la loi, au moment même où elle s'exécute, nous délaisse et nous livre à l'arbitraire de l'homme, et qu'elle aille jusqu'à lui résigner sa souveraineté? Car voyez au bagne : le bâton qu'elle a arraché des mains de la justice, ce châtiment qu'elle a reconnu trop immoral, trop dégradant, trop inégal pour être appliqué comme une punition du crime, d'après le pouvoir sagement départi au juge, elle le laisse aveuglément, dans quelles mains, grand Dieu! dans celle d'un garde-chiourme! Voilà les hommes qui sont aujourd'hui plus que nos législateurs et nos juges, puisque, après eux et malgré eux, ils décident en dernier ressort de notre destinée, dans ces lieux où le malheur des temps peut conduire chacun de nous. *

Il est temps de mettre un terme à cet arbitraire administratif, qui vicie tous nos établissemens de détention à tel point que l'ordre de la répression y soit fréquemment en sens inverse de celui de la criminalité, et que la peine, dénaturée dans son exécution, y porte partout un démenti à la sentence du juge et à la sanction du législateur. Il est temps, et c'est là le premier pas pour la réforme, qu'on ramène à l'uniformité de la règle tous nos établissemens de détention, et on ne peut y parvenir qu'en mettant la volonté de la loi à la place de celle de l'homme. Ne voit-on pas l'inconséquence et la lacune d'une législation qui, après s'être montrée si prévoyante pour l'accusé, à l'instant où la condamnation se prononce, l'abandonne brusquement au moment où elle se subit, au lieu de franchir avec lui le seuil des prisons pour y surveiller et y régler l'exécution de la peine portée par le législateur et appliquée par le juge?

Ces principes dictés par le simple bon sens sont

* *Voyez* même sous vos yeux l'exemple de MM. Magalon et Fontan, dans la maison de détention à Poissy.

consacrés par la pratique de tous les peuples libres
et civilisés. Aux États-Unis, en Angleterre, à Genève, à Lausanne, c'est la loi qui détermine le
mode d'exécution de la peine comme la peine même.
De là les lois sur le régime intérieur des prisons ou
codes *disciplinaires*, tels que celui que M. Livingston a rédigé pour la Louisiane, et même pour
les États-Unis, d'après le vœu du congrès. *

Comment sommes-nous donc restés en France
indifférens et étrangers jusqu'ici à cette branche si
importante de la législation criminelle, sans laquelle les codes de procédure et des délits et des
peines n'offrent que des garanties incomplètes, ou
pour mieux dire illusoires, dérisoires même, car à
quoi bon la protection du législateur et du juge,
pour aboutir à l'arbitraire du geôlier !

Ainsi donc la réforme des prisons soulève une
question parlementaire, qui, du reste, est résolue
à-la-fois et par les principes de la matière et par
la pratique de tous les peuples libres et civilisés.
Cette réforme est dans le domaine de la loi, c'est-à-
dire dans le vôtre. Il nous faut un code sur la
nature de l'emprisonnement et sur le régime intérieur des établissemens de détention ; ce code, c'est
à l'administration à aviser aux moyens de le prépa-

* *Voyez* ce *Code* et son introduction, tome I.

rer et de le soumettre à vos lumières et à vos votes.

Mais nous n'ignorons pas que dans la voie des réformes il ne faut pas brusquement passer la charrue sur tout ce qui est, et que la prudence commande de ménager et de saisir les transitions nécessaires pour arriver à ce qui doit être. Aussi, avant ce code sur le régime définitif des établissemens de détention, nous sentons la nécessité d'une loi transitoire et préparatoire qui nous serve d'acheminement de l'état actuel des prisons et des bagnes à l'adoption du système pénitentiaire. Là peut-être s'élèvent les plus grandes difficultés; mais les moyens de les surmonter et de les vaincre ne sont pas introuvables, quand on a la persévérance de les bien chercher. Nous croirions pouvoir les indiquer ici nous-mêmes, si les bornes et le but de cette pétition ne nous en interdisaient l'exposition; mais nous serons toujours prêts d'ailleurs à répondre, à cet égard à la confiance que pourraient inspirer l'étendue de nos recherches et la constance de nos travaux.

Cette réforme des prisons, cette législation relative à leur nouveau régime transitoire, puis définitif, entraîne nécessairement la révision du code pénal, qui doit se combiner avec le code disciplinaire. Telles sont les conditions, les nécessités même de la réforme : nous n'avons voulu en dissimuler aucune. Bien des esprits peut-être qui n'en avaient pas jusqu'ici calculé toute la portée s'effraieront d'abord d'une tâche aussi rude et aussi vaste, et l'administration elle-même, dans ses dispositions stationnaires, prétextera sans doute l'étendue de ce plan de réforme comme le premier obstacle à son exécution. Mais l'opinion publique de jour en jour arrive, et à pas de géant. La nécessité de la révision du code pénal se proclame aujourd'hui partout ; le jury lui-même * s'est fait à cet égard l'interprète légal des besoins et des vœux de la société. Or, quand on en sera à étudier sérieusement ces besoins, à examiner ces vœux, on verra que la réforme du code pénal entraîne la rédaction d'un code disciplinaire. Qui veut l'un veut l'autre. Interrogez les jurés français, et demandez-leur si l'un des principaux motifs de leurs répugnances journalières à l'application des peines du code pénal n'est pas dans cette démoralisation des prisons et des bagnes qui les réduit à prononcer l'entière corruption de tous ceux qu'ils y envoient, alors même qu'ils les voient sur le banc des assises verser des larmes qui suivent une première faute, et qui promettent cette seconde innocence que donne le repentir.

---

* *Voyez* les nombreuses pétitions adressées aux Chambres et au ministre de la justice, que les journaux ont publiées.

Au résumé, le but et les conclusions finales de cette pétition sont :

1° Que vous reconnaissiez la nécessité d'un nouveau régime des prisons, qui unisse la réforme morale à la réforme matérielle ;

2° Que vous reconnaissiez le système connu sous le nom de *système pénitentiaire*, avec telles modifications qu'on jugera à propos d'y introduire, comme réunissant ces deux conditions, et présentant, sous les rapports même économiques et financiers, toutes les facilités desirables d'exécution ;

Que vous reconnaissiez enfin que les deux questions qui se rattachent à l'introduction du système pénitentiaire en France, savoir la question des mesures transitoires à prendre et celle du régime définitif à adopter dans l'organisation des établissemens de détention, sont l'une et l'autre du ressort du pouvoir législatif, et doivent en conséquence trouver leur solution dans la loi ;

Qu'en conséquence, usant de l'initiative que vous donne l'article 19 de la Charte, vous suppliiez sa majesté de présenter le projet d'une loi transitoire et d'un code définitif du régime intérieur des prisons.

CHARLES LUCAS,
Avocat à la Cour royale de Paris.

NOTE ^A

EXTRAITE DU RAPPORT DE M. THOMSON,

PRONONCÉ LE 24 FÉVRIER 1826 DANS LA CHAMBRE DES REPRÉSENTANS
DES ÉTATS-UNIS, FORMÉE EN COMITÉ GÉNÉRAL A L'OCCASION DU
BILL POUR ÉRIGER UN PÉNITENCIER DANS LE
DISTRICT DE COLOMBIE.

L'EXPÉRIENCE a prouvé que, toutes les fois qu'un pénitencier ne pouvait se soutenir par lui-même, c'est qu'il
était placé dans un lieu où le produit du travail des condamnés ne trouvait point un débouché avantageux, ou qu'il
y avait mauvaise administration de la part des officiers.

Dans l'état de Pensylvanie, le premier des États-Unis où
le système pénitentiaire a été introduit, les officiers de l'é-
tablissement furent chargés par la loi d'ouvrir à chaque
condamné un compte particulier, au débit duquel devaient
figurer les frais de poursuite et d'entretien dans l'établissement, et qui devait être crédité du produit de son travail.
Pendant plusieurs années après l'adoption du système, il fut
dirigé avec tant d'avantage, qu'à l'expiration de leur temps
de service, presque tous les condamnés se trouvèrent avoir
sur les livres des balances en leur faveur. Plusieurs de ces
balances s'élevaient jusqu'à 10 *pounds*, qui furent, chacune

d'elles, payées au *convict* au moment de sa mise en liberté.
De cette manière, le pénitencier était défrayé, et au-delà,
avec ses propres ressources ; mais l'état ne s'appropriait
point le surplus des profits des convicts. Il leur en tenait
compte lorsque le temps de leur service était expiré, afin
qu'ils eussent les moyens de s'adonner à un genre de vie
honnête et industrieux. Ces heureux résultats continuèrent
d'avoir lieu jusqu'au moment où le nombre des convicts
s'accrut à un tel point que les édifices devinrent trop étroits
pour que le système pût y être exécuté d'une manière con-
venable. On ne peut tirer de l'état actuel de cette prison
aucun argument contre le système. Faute d'un nombre suffisant de cellules séparées, les convicts sont en grand nombre renfermés dans la même chambre pendant la nuit, ce
qui détruit en grande partie l'effet moral de la réclusion, et
faute d'un espace suffisant dans les cours et dans les ateliers, ils ne peuvent être employés d'une manière avanta-
geuse, ce qui nuit essentiellement aux profits pécuniaires.

Dans l'état d'Ohio, le pénitencier a été un peu onéreux
à l'état. Il est néanmoins facile de s'expliquer un pareil résultat. Dans les comptes que l'établissement rend
à l'état, le premier est débité des frais de poursuite de tous
les convicts qu'on y amène. Cet article de dépense monte
annuellement à 4000 ou 6000 dollars. Comme cette dépense est une de celles que l'état doit supporter, soit qu'il
ait un pénitencier ou non, elle ne doit pas, à bien dire, être
mise à la charge de l'établissement. Le gardien actuel de
cette prison, homme très recommandable, affirme que, « sans
parler de la dépense ci-dessus, l'établissement est, sinon tout-
à-fait, du moins presque en état de faire face à ses propres
dépenses ». Ce pénitencier est situé à Columbus, dans un

pays peu habité, loin de toute ville populeuse et commer-
çante, qui pourrait fournir un débouché avantageux à ses
manufactures. S'il eût été placé sur une des grandes rivières
navigables de cet état, ou près de la ville de Cincinnati, où
ses manufactures auraient trouvé un débouché facile, non-
seulement il se serait suffi à lui-même, mais il aurait produit
un revenu à l'état. Dans cette prison la nourriture de chaque
convict coûte par an 18 dollars, tandis que cet article ne revient qu'à 13 dollars 50 cents à Auburn, dans l'état de New-
York; et dans les prisons d'état de Newhampshire et de Massachusetts il ne revient qu'à 14 dollars. Ceci prouve l'immense désavantage qui résulte pour l'établissement dont je
parle de l'obligation où il est d'échanger ses produits manufacturés pour pouvoir se soutenir.

Dans l'état de Virginie le pénitencier a été dirigé dans le
but d'obtenir plutôt un effet moral que des résultats pécuniaires. Il est débité, l'année dernière, d'une balance d'environ 10,000 dollars. Cette somme se compose d'articles
dont plusieurs ne doivent, dans aucun cas, figurer à la
charge du pénitencier; il s'en trouve d'autres qu'avec un
peu plus d'expérience les officiers de l'établissement pourront rayer de ses comptes. Un de ses articles est pour le
transport des prisonniers, s'élevant à la somme de 5,069 dollars, un autre pour l'intérêt du capital employé, montant
à 812 dollars, et un troisième de 4,131 dollars pour dépense
occasionée par la vente des objets manufacturés. Les deux
premiers articles ne doivent point, à proprement parler, figurer à la charge de l'établissement, et l'on prendra sans
doute quelque arrangement pour que la vente de ses produits manufacturés ne donne pas lieu à une aussi forte dépense. Lorsque ces articles seront déduits des charges de

l'établissement, ses comptes se balanceront à peu de chose près. Mais la dépense pécuniaire peu considérable que la Virginie a faite pour soutenir ce pénitencier a été de l'argent parfaitement bien employé. L'effet moral de l'établissement l'en a amplement récompensée.

La prison d'état de la ville de New-York a toujours offert les mêmes désavantages que le pénitencier de la Pensylvanie, quant au défaut d'espace pour les convicts, et dans ces derniers temps la discipline et l'administration de cet établissement ont été extrêmement défectueuses. Ces causes ont influé tant sur son effet moral que sur ses profits pécuniaires. Dans ces deux états, l'on commença à croire que ce système humain avait totalement manqué son but. Cette circonstance, loin de décourager ses partisans et de les engager à y renoncer, ne fit que stimuler davantage leurs efforts. Ils recherchèrent la cause qui avait pu produire cette impression sur l'esprit public. Ils s'aperçurent qu'elle provenait des plans d'après lesquels les prisons avaient été construites, de la faculté accordée aux prisonniers de coucher en grand nombre dans la même chambre pendant la nuit, et de s'entretenir librement ensemble pendant le jour, et en outre du défaut d'énergie et d'efficacité dans le système d'administration. Ils exposèrent franchement au public l'état des prisons. Cette franchise produisit l'effet que la vérité produira toujours sur l'esprit public d'une nation éclairée. On vit que les inconvéniens ne provenaient pas du système, mais de la manière dont il avait été mis en pratique. Et ces deux grands états sont aujourd'hui si fermement convaincus, non-seulement de l'humanité, mais de l'incomparable efficacité du système, que l'état de New-York érige un nouveau pénitencier sur les bords de l'Hudson, et

que la Pensylvanie en fait construire deux, l'un à Philadelphie et l'autre à Pittsbourg.

Dans l'état de New-York, on a établi au village d'Auburn
un pénitencier régi par les meilleurs principes et où règne
la meilleure discipline. En 1824, comme on le voit par le
rapport d'un comité d'hommes très capables, comité nommé
par la législature pour faire des recherches sur ce qui concerne les prisons d'état, il y avait 310 convicts renfermés
dans la prison d'Auburn. Une partie était employée aux constructions de la prison, une autre condamnée à l'emprisonnement solitaire sans travail, et une partie à l'hôpital. Le
reste était employé à des ouvrages manufacturés pour le
compte de la prison. Ces messieurs, en examinant les
comptes de la prison, et en constatant la valeur du travail
de ceux qui étaient employés à des ouvrages profitables, re-
connurent que si 260 seulement de ces convicts étaient
constamment employés en donnant les mêmes profits, ils
seraient en état de défrayer l'établissement, et de faire gagner à l'état 3,752 dollars. On peut avoir la plus grande
confiance dans les calculs de ces messieurs, ce sont des
hommes livrés à des études pratiques.

Dans le Kentucky, le pénitencier a été, pendant quelques
années, une charge pour le trésor de l'état. Cependant, l'année dernière, un homme entreprenant, nommé Scott, proposa à la législature de se charger de l'établissement, d'y
établir des réglemens qui pussent répondre aux autorités
publiques de sa bonne administration et du soin que l'on
prendrait des convicts, de garantir l'état de toute charge
onéreuse qui pourrait en résulter pour le trésor, et de se
contenter pour ses émolumens de la moitié du profit pro-
venant du travail de l'établissement, après en avoir acquitté

tontes les dépenses. La législature accepta la proposition.
M. Scott en a été chargé pendant un an, et j'apprends que
sa part dans les profits s'est élevée à 1,000 dollars.

Dans le Vermont, la prison d'état a suffi seule à ses dépenses pendant les six dernières années, et a payé une pe-
tite rente à l'état. L'année dernière, elle a versé au trésor
un bénéfice de 1,100 dollars.

Dans le Newhampshire, la prison d'état a versé l'année
dernière au trésor un bénéfice de 10,000 doll. Un honorable
membre qui siège auprès de moi dit 11,000 dollars.

L'an dernier, dans le Massachusetts, le trésor a reçu pour
bénéfice, sur le travail des convicts de la prison d'état, une
somme de 10,051 dollars 32 cents.

Ainsi j'ai prouvé, non par le raisonnement et la théorie,
mais par le simple exposé des faits, qu'un pénitencier peut
non-seulement se suffire à lui-même, mais même procurer
un certain revenu à l'état. J'ai prouvé aussi que, dans les cas
parvenus à ma connaissance, où les pénitenciers n'avaient
pu se suffire à eux-mêmes, cette circonstance était due, soit
à quelque vice dans l'administration de l'établissement, à la
manière dont les comptes ont été tenus, ou à leur situation
mal choisie dans un lieu qui n'offrait point à leurs produits
manufacturés un débouché commode et avantageux. J'ai tâ-
ché également de prouver (le comité jugera jusqu'à quel
point j'y ai réussi) que l'emprisonnement des criminels joint
au travail pénible, même avec un système d'administration
vicieux, est moins dispendieux pour l'état que le système
actuel, qui consiste à renfermer un grand nombre de malfaiteurs dans les prisons, sans les faire travailler; et que,
quand bien même il serait vrai que le système pénitentiaire
fût plus dispendieux que le système actuellement en vi-

gueur, il ne s'ensuit pas qu'il doive être rejeté; mais que si l'expérience a prouvé qu'il est plus avantageux à la société que tout autre, qu'il est plus propre à garantir la sûreté personnelle et la propriété, plus efficace pour la prévention des crimes, en un mot, qu'il produit es plus grands effets moraux, il doit être adopté.

FIN.

IMPRIMÉ CHEZ PAUL RENOUARD.

RUE GARENCIÈRE, N° 5, F. S.-G.

www.ingramcontent.com/pod-product-compliance
Lightning Source LLC
Chambersburg PA
CBHW071225290326
41931CB00037B/1976